ANDREAS HOCK

Bin ich denn der Einzigste hier, wo Deutsch kann?

Mit einem Vorwort von Hellmuth Karasek

Über den Niedergang unserer Sprache

riva

Bibliografische Information der Deutschen Nationalbibliothek
Die Deutsche Nationalbibliothek verzeichnet diese Publikation in der Deutschen Nationalbibliografie. Detaillierte bibliografische Daten sind im Internet über http://dnb.d-nb.de abrufbar.

Für Fragen und Anregungen:
deutschbuch@rivaverlag.de

Originalausgabe
5. Auflage 2015

© 2014 by riva Verlag,
ein Imprint der Münchner Verlagsgruppe GmbH,
Nymphenburger Straße 86
D-80636 München
Tel.: 089 651285-0
Fax: 089 652096

Redaktion: Antje Steinhäuser
Umschlaggestaltung: Maria Wittek
Umschlagabbildung: unter Verwendung von iStock
Satz: Daniel Förster, Belgern
Druck: CPI books GmbH, Leck
Printed in Germany

ISBN Print 978-3-86883-443-7
ISBN E-Book (PDF) 978-3-86413-523-1
ISBN E-Book (EPUB, Mobi) 978-3-86413-524-8

Weitere Informationen zum Verlag finden Sie unter

www.rivaverlag.de

Beachten Sie auch unsere weiteren Verlage unter
www.muenchner-verlagsgruppe.de

Inhalt

Vorwort von Prof. Dr. Hellmuth Karasek

Was für ein Glück für die deutsche Schriftsprache, dass Luther die Bibel gerade übersetzte, als die Buchdruckerkunst erfunden wurde. So war das Transportmedium für die Sprache gefunden, man sprach fortan im Dialekt, wie einem der Schnabel gewachsen war, und nach der Schrift, wie in der Kirche gepredigt wurde. Und wie Luther das neue Deutsch auf seiner herrlichen Sprachorgel preludiert hat! »Wenn ich mit Menschen- und mit Engelzungen redete und hätte der Liebe nicht, so wäre ich ein tönend Erz oder eine klingende Schelle.« Das ist wunderschön, aber inzwischen total veraltet. Der wunderbare Konjunktiv irrealis ist längst abgestorben oder durch ein »würde« ersetzt, »tönend Erz« und »klingende Schelle« versteht kein Mensch mehr, es sind die Glocken und das Glöcklein. Und »hätte der Liebe nicht«, dieser Genitivus partitivus, der noch in alten Liedern (»voll des süßen Weines«) oder im Englischen (»a cup of tea«) vorkommt, ist praktisch gestorben.
Wie hat sich später Goethe selbst beschrieben:

Vom Vater hab ich die Statur,
Des Lebens ernstes Führen,
Von Mütterchen die Frohnatur
Und Lust zu fabulieren.
Urahnherr war der Schönsten hold,
Das spukt so hin und wieder,
Urahnfrau liebte Schmuck und Gold,
Das zuckt wohl durch die Glieder.
Sind nun die Elemente nicht
Aus dem Komplex zu trennen,
Was ist denn an dem ganzen Wicht
Original zu nennen?

Schön, aber heute völlig außer Gebrauch. Der »Urahnherr« wäre der
Großvater, die »Frohnatur« des Mütterchens wäre ihre gute Laune –
wobei Goethe der Schöpfer des schönen Wortes »Frohnatur« ist –, die
»Statur« des Vaters wäre ebenfalls ein Fremdwort, die Figur oder der
Status. Und dass er vom Vater »des Lebens ernstes Führen« hat, wäre
ein Genitivus possessivus.

Kurzum: Die deutsche Sprache hat sich gewandelt, sie wandelt sich
ständig, und Pessimisten zufolge, die wir alle sind, zumindest, was die
Sprache anlangt, nicht zum Guten. Andreas Hocks ebenso vergnüg-
liches wie lehrhaftes Buch heißt dann auch im Untertitel: »Über den
Niedergang unserer Sprache«. Mal abgesehen vom Niedergang, möchte ich hier bemerken, gibt es natürlich einen wunderbaren Aufschwung
durch den Abfall der Hochsprache und das Aufblühen der Dialekte und
Mundarten neben ihr, wozu ich das »Schaffner-Englisch«, das Wie-
nerisch der slawischsprachigen Einwanderer und das gerade wieder
kräftig erstarkende Plattdeutsch rechnen möchte. Wer das Plattdeutsch
liebt, kann es schon bei den Brüdern Grimm im Märchen »Von dem
Fischer un syner Frau« und »De Has un de Swinegel« finden: »Ick bün
all dor.« Hock gibt seiner rasanten Geschichte der serpentinenhaften

und kurvenreichen Entwicklung der deutschen Sprache den Titel, der auf dem Titelbild über dem verzweifelt die Augen verdrehenden Geheimrat Goethe als Wortblase schwebt: »Bin ich denn der Einzigste hier, wo Deutsch kann?«, womit er nicht nur die dem Süddeutschen falsch entlehnte Konjunktion »wo« bemüht, sondern auch die moderne und falsche Superlativitis »der Einzigste«. Wir sprechen heute ja nicht nur von »Mega-Superstars«, »Pop-Titanen« und »Schlager-Giganten«, sondern übertreiben dabei wie die Kesselflicker und Marktschreier, indem wir das »Meistgekaufteste« und das »Vielbeschworenste« neben das »Supergeilste« und das »Superaffengeilste« stellen. Andreas Hock stößt bei dem Wort »superaffengeil« mit leichter Befremdung auf, dass es auch auf die Oma anwendbar ist. Etwa: »Ich hab die superaffengeilste Oma der Welt.«

Von den ersten Sprachvereinen, die im Flickerlteppich-Deutschland sich im anhaltinischen Dessau bildeten, im Zeichen der Palme übrigens, und sich um eine gemeinsame deutsche Sprache bemühten, geht es durch die Französentümelei Friedrichs des Großen, der auch noch die Hugenotten zur Sprachhilfe rief (Chamisso, Fontane) und den Deutschen nicht nur das Trottoir und die Matrone bescherte, durch das Bürokratendeutsch (Beispiele gefällig? »Grunddienstbarkeitsbewilligungserklärung«, »Abstandseinhaltungserfassungsvorrichtung«, »Kostenzusageübernahmeverpflichtung«) über die martialische Großmannssucht von Hitlers gebellten Reden bis zur Gegenwart.

Da taucht die Sprache der Graffiti auf, deren Botschaften erst toll, dann abgenudelt klingen, wie der folgende Graffito selbst zeigt: »Der Klügere gibt so lange nach, bis der Dumme ist.« Mir gefällt am besten die Descartes-Variante: »Ich denke, also bin ich hier falsch.« Natürlich kommt die Ami-Sprache vor, die ihren Siegeszug mit Coca-Cola und Kreppsohlenschuhen begann und über die Popmusik bis zum Internet, der Mode, der Werbung, der Bankenwelt und dem »Cappuccino to go« (heißt: im Pappbecher zum Mitnehmen) fortsetzt. Ich glaube, »okay«, ob man es nun okay oder o. k. schreibt, ist das meistgebrauchte

Zustimmungswort, zumindest in Amerika und Europa. Dagegen hat das russische »charascho« immer noch keine Chance. Irgendwann kam die Wiedervereinigung, und glücklicherweise hat sich ein Wort nicht durchgesetzt, der »Schokoladenhohlkörper«. Damit war im unchristlichen Osten der Osterhase gemeint, der im Westen »Lindt-« oder »Milka-Hase« heißen müsste, wenn es mit rechten Werbebegriffen zuginge. Und auch das ostdeutsche »Zellstofftaschentuch« musste zugunsten des »Tempo-Taschentuchs«, das einer Nürnberger Papierfabrik seinen Namen verdankt, weichen. »Tempo« hat sich gegen das Original »Kleenex« durchgesetzt. Der »Sarotti-Mohr« dagegen ist aus Gründen politischer Korrektheit ausgestorben. Wie die »Sättigungsbeilage« im Osten aus esskulturellen Gründen. Warum im Osten ausgerechnet der »Broiler« (vom englischen »to broil« hergeleitet) das »Brathendl« (bayrisch) ersetzt hat, ist eines der Rätsel der Sprache.

Kommen wir zum Schluss des Vorworts für dieses wirklich kurzweilige Buch, das seinen, um es gravitätisch zu sagen, Bildungsauftrag voll erfüllt, zu einem seltsamen Wörterbuch, bei dem Hock ausgestorbene alte Begriffe mit modernem Jugendslang mischt. Zum Beispiel »ungebührlich«: »Ey, wie du gestern auf der Party abgekotzt hast, das war voll ungebührlich.« Oder »lustwandeln«: »Bin total blass, geh mal lustwandeln, um ein paar Pigmente zu haschen.« Oder »ehelichen«: »Spinnst du? Wieso soll ich die Bitch ehelichen? Ich hab die doch nur zum Poppen.« Oder »Ränke« (bei Goethe und Schiller noch für Intrigen): »Die Ränke zahl ich dir heim, du Hemd!«

Weil uns schon am Anfang der Spaß verging

In der allerersten Deutschunterrichtsstunde unseres Lebens blickten wir aufgeregt an die große Tafel, die nur ein paar Meter vor uns hing und uns doch so weit entfernt schien. Wir sahen: ein großes und ein kleines A, ein großes und ein kleines B sowie ein großes und ein kleines C. Das war alles, was wir an diesem richtungsweisenden Tag von unserer Grundschullehrerin beigebracht bekamen. Natürlich blieb es nicht dabei: Zum ABC kamen schnell weitere Buchstaben dazu. Erst essenziell wichtige wie das E oder das S, dann weniger gebräuchliche wie das V oder das J. Und schließlich lernten wir in diesen Anfangszeiten unserer linguistischen Menschwerdung noch, dass es auch ein X, ein Y und das lustige Q gab, das wir allerdings schon kannten, weil unsere Eltern immer bei Quelle bestellten.

Was wir noch nicht wussten: Um die Sprache wirklich zu erlernen, von der wir glaubten, dass wir sie seit unserem dritten Lebensjahr eigentlich ganz passabel beherrschten, waren noch ungeahnte Anstrengungen fällig. Also mussten wir Wörter nach ihrer Länge und nach ihrer Wortart ordnen. Wir lernten Gedichte auswendig, die sich nicht wirklich reimten, in denen dafür merkwürdige Tiere vorkamen. Wir verinnerlichten, dass es dem S und dem T wehtat, wenn man die beiden trennte, und dass das Wort »nämlich« unter keinen Umständen in der Mitte ein H enthalten durfte. Wir quälten uns durch Diktate, in denen ein Kind namens Thomas ausschließlich Mohrrüben und Beerenkuchen aß.

Am schlimmsten aber war, dass wir unsere Deutschhefte jedes Mal mit vielen roten Strichen am Rand zurückbekamen, obwohl wir uns bei der Schilderung unserer schönsten Ferienerlebnisse wirklich Mühe gegeben hatten: Wir schrieben von den Sandburgen und den Wanderungen im Watt, vom strahlend blauen Himmel und von dem schlimmen Unwetter, das wir an einem Tag erlebten. Wir gaben wirklich alles, was literarisch im Alter von neun oder zehn Jahren möglich war, doch unter unserem emotionalen, spannenden und vollkommen authentischen Text stand lediglich: »Zu viele Flüchtigkeitsfehler. Gerade noch Note 3!« Das war's. Anscheinend war dieses oberflächliche Kriterium das Einzige, das zählte. Wie armselig war das denn?

Sagen wir es ganz ehrlich: Der Deutschunterricht gehörte zum Langweiligsten, was von Montag früh, 8 Uhr, bis Freitagmittag, 13 Uhr, in unserem Leben passierte. Eine Studie ergab bereits vor einigen Jahren, dass fast 60 Prozent aller in deutschen Schulen gelesenen Texte von Arbeitsblättern stammten und nur 13 Prozent aus Büchern. Dass aber ein Arbeitsblatt aus einer stinkenden Matrize eine nachhaltige Faszination für eine ganze Sprache entfachen konnte, war eher unwahrscheinlich. Und wenn wir mal etwas aus einem Buch lasen, dann das, was der jeweilige Lehrer für interessant hielt. Dabei gab es offenbar so viel zu entdecken – alleine der Buchladen in unserer Stadt bestand aus drei Stockwerken! Doch den literarischen Helden einer anständigen Kindheit, die von Erich Kästner stammten, Paul Maar oder Ellis Kaut, mussten wir uns von selbst nähern, wenn wir das überhaupt wollten. Wenn nicht, setzten wir uns eben vor die Glotze. Das interessierte in der Schule auch niemanden.

Außerdem hat uns keiner unserer Lehrer wenigstens versucht zu erklären, warum wir überhaupt Deutsch sprachen – und nicht Französisch, Englisch, Italienisch oder Spanisch wie die Menschen in den Ländern, in die wir mit unseren Eltern in den Urlaub fuhren. Keiner vermittelte uns in dieser entwicklungspsychologisch so wichtigen Zeit, dass unsere Sprache nicht nur aus Aufsätzen bestand und Wörtern, die möglichst viele Konsonanten enthielten. Niemand beruhigte uns, dass diese verdammte Grammatik, die sich im Laufe vieler Jahrhunderte aus einem Gemisch grober Dialekte herausgebildet hatte, durchaus einen Sinn ergab; dass sie unsere Sprache erst zu dem machte, was sie war – etwas ganz Besonderes.

Dabei hätte es uns wirklich interessiert, warum es 3000 Jahre dauerte von der ersten germanischen Lautverschiebung bis zu dem Zeitpunkt, als die deutsche Standardsprache erstmals einheitlich geregelt wurde. Es wäre sicher auch spannend gewesen zu hören, wie es Karl der Große geschafft hatte, eine Volkssprache zu etablieren, die von Baiern, Alemannen oder Franken gleichermaßen verstanden wurde. Es war schade, dass uns niemand zutraute zu verstehen, was Wolfram von Eschenbach oder Walther von der Vogelweide mit ihrem Minnesang zur Entwicklung des Mittelhochdeutschen beigetragen hatten. Und wie genau die vielen slawischen, italienischen oder lateinischen Begriffe in unseren Wortschatz Einzug gehalten hatten, blieb ebenso im Unklaren wie die Bedeutung der allermeisten jener rund 75.000 Wörter, die wir im weiteren Laufe unseres Lebens verwenden sollten.

Kurzum: In Sachen Deutsch war irgendwie von Anfang an der Wurm drin. Gut, das war in Mathematik auch der Fall. Aber in Mathe bestand die Hoffnung, dass wir später einmal einen Beruf ausübten, für den wir das Zeug nicht mehr brauchten. Deutsch aber, so viel war sicher, würden wir noch brauchen – sehr sogar. Aber das war den Verantwortlichen egal: Wir wurden weitgehend allein gelassen mit Dativ, Akkusativ oder Nominativ, mit Pronomen, Artikeln und Hilfsverben, mit Plusquamperfekt und Infinitiv. So wie uns das Selbstverständlichste überhaupt, unsere Muttersprache, beigebracht werden sollte, machte es einfach keinen Spaß. Und das konnte auf Dauer nicht gut gehen!

Weil die Fruchtbringende Gesellschaft nicht durchgehalten hat

Trotz seiner schwierigen Entstehungsgeschichte und all der Irrungen und Wirrungen auf dem Weg zu einer einheitlichen Sprache wäre es einigen außergewöhnlichen und idealistischen Geistesarbeitern um ein Haar gelungen, die deutsche Sprache für alle Zeiten in ihrer Gesamtheit zu schützen, zu bewahren und behutsam weiterzuentwickeln. Es war vor 400 Jahren, lange vor dem ersten Duden, der Gründung der *Frankfurter Allgemeinen Zeitung* oder einem CSU-geführten bayerischen Kultusministerium, als sich eine ebenfalls recht illustre und dennoch ernst zu nehmende intellektuelle Vereinigung um die Belange unseres Wortguts verdient machte: die »Fruchtbringende Gesellschaft«.

Diese Institution hatte es zum Ziel, Deutsch sowohl als Sprache von Forschern als auch von Dichtern zu etablieren und vor allem: zu fördern. Das ergab Sinn. Denn überall in den kleinen Staaten des Heiligen Römischen Reiches Deutscher Nation herrschten bis dahin recht eigenwillige Mundarten und unverständliche Dialekte vor, sodass von einer einheitlichen Sprache im wahrsten Sinne des Wortes nicht die Rede sein konnte. Außerdem gab es bis dato alle relevanten Schriften einzig und allein auf Latein. Dieser Umstand schloss nicht nur einen Gutteil selbst der gebildeten Bevölkerung von allen wissenschaftlichen Erkenntnissen aus und schuf so eine ziemlich kleine und arrogante Bildungselite. Er ging auch dem umtriebigen Fürsten Ludwig von Anhalt-Köthen gehörig auf die Nerven.

Der hochintelligente Regent aus Dessau war schon in jungen Jahren weit herumgekommen: Sein Vater schickte ihn mit zarten 17 erst zum Anschauungsunterricht nach Großbritannien, Frankreich und in die Niederlande. Später musste der Adelsspross auch noch in die Schweiz, nach Österreich, Ungarn und schließlich nach Italien. Selbst für unsere heutigen globalisierten Maßstäbe hätte Ludwig eine Unmenge an Prämienpunkten auf dem fürstlichen Meilenkonto gehabt. Für damalige Verhältnisse jedoch war der junge Mann ein Weltenbummler geradezu Kolumbus'schen Ausmaßes. Und überall dort, wo er sich gerade aufhielt, interessierte er sich in erster Linie dafür, wie es die jeweilige Obrigkeit mit der Kultivierung ihrer Landessprache hielt. Besonders beeindruckt hat ihn dabei seine letzte Station.

In Florenz bekam Ludwig unmittelbaren Anschauungsunterricht, wie es die dortigen Gelehrten im Gegensatz zum linguistisch wilden Heimatreich mit ihrer Sprache hielten: Sie hegten und pflegten sie! Dafür wurde bereits im Jahr 1583 eine neuartige Bildungsstätte ins Leben gerufen, die Accademia della Crusca. Das war die allererste Sprachgesellschaft der Welt, die nach der Doktrin handelte, die Spreu vom Weizen zu trennen. Was also schädlich für die Reinheit der Sprache war, flog kurzerhand raus. Nach einigen Monaten intensiven Studiums vor Ort schaffte es der beeindruckte Juniorfürst, als erstes deutsches Mitglied überhaupt in die sagenhafte Akademie aufgenommen zu werden. Dort beobachtete er unter anderem, wie die Florentiner Wissenschaftler ein erstes umfängliches italienisches Wörterbuch herausbrachten, um ihre wohlklingende *lingua* auch den einfacheren Menschen näherzubringen und diese sprachlich zu erziehen.

Als plötzlich daheim in Dessau nach einigen undurchsichtigen Erbteilungen die Regierungsgeschäfte riefen, reiste der nun amtierende Fürst, der kurz zuvor von den norditalienischen Sprachbewahrern aufgrund seiner unbändigen Leidenschaft für die Sache den Ehrentitel »Der Entzündete« erhalten hatte, wieder zurück. Dort entzündete er sich dann zunächst mächtig darüber, dass es weit und breit kein deutsches Gegenstück zur lieb gewonnenen Accademia gab. Nach einem üppigen Abendessen ausgerechnet anlässlich der Beerdigung seiner Schwester entschloss sich Ludwig beim Verdauungsschnaps auf Vorschlag seines Hofmarschalls im Beisein einiger Gleichgesinnter trotzig zur Gründung der »Fruchtbringenden Gesellschaft«. Das war 1617.

Als unverwechselbares Logo diente den neuen Freunden des gepflegten Deutsch eine Kokospalme. Die wirkte seinerzeit nicht nur so geheimnisvoll und exotisch, wie die im Volksmund »Fruchtbringer« genannten Aktivisten sich selber sahen. Man glaubte nebenbei auch, dass die Palme so vielseitig einsetzbar war wie kein anderer Baum – und sah in ihm daher ein ideales Symbol für die universale Nützlichkeit der neuen Vereinigung. Es war demnach nebenbei eines der ersten Markenzeichen überhaupt.

Schnell sprach sich der kuriose Palmenklub in der gesamten Gegend herum. Ihm schlossen sich dutzendweise andere sprach- und sendungsbewusste Adelige an und baten bei Fürst Ludwig, der als Prinzipal praktisch alleine über die neuen Mitglieder entscheiden konnte, um die Aufnahme. Binnen weniger Jahre waren fast 900 damalige Meinungsmultiplikatoren in der »Fruchtbringenden Gesellschaft« aktiv. Dass die erlauchten Neulinge zunächst einige seltsame Rituale zu absolvieren hatten – so mussten sie sich auf einem Drehstuhl von allen Anwesenden reihum verspotten lassen oder ein ziemlich ekelhaftes Gebräu aus einem Pokal trinken –, tat der Ernsthaftigkeit der Sache keinen Abbruch. Immerhin war das letztlich entscheidende Aufnahmekriterium für die dauerhafte Mitgliedschaft eine Rede in fehlerfreiem Deutsch – ein Ritual, von dem heute leider nicht mehr viel übrig geblieben ist.

Die wohlhabenden »Fruchtbringer«, zu denen sich bald auch hochrangige Militärs, einflussreiche Gelehrte und bekannte Schriftsteller gesellten, sollten jedenfalls gemäß ihrer Satzung »Die hochdeutsche Sprache in ihren rechten Wesen und Standt ohne Einmischung frembder außländischer Wort auffs möglichste und thunlichste erhalten uñ sich so wohl der besten Außsprache im reden alß der reinesten Art im schreiben uñ Reimen befleißigen«. Wer jetzt aufgeregt aufbegehrt, dass dieser ausgerechnet von den ach so tollen Sprachwissenschaftlern verfasste Satz voller Rechtschreibfehler steckt, der sei beruhigt: So und nicht anders schrieb man das damals eben.

Im Klartext bedeutete dieser Auftrag: Die Mitglieder fungierten als Mäzene. Sie sponserten zum Beispiel begabte Nachwuchsdichter, die sie für würdig genug erachteten. Sie verlegten Wörterbücher und stifteten diese an Bibliotheken oder Lehranstalten. Sie beauftragten Gymnasiallehrer, eine neue Grammatik auf Basis der Ziele der »Fruchtbringenden Gesellschaft« zu entwickeln. Und sie wetterten, wo immer sie konnten, öffentlich gegen die Verwässerung ihrer geliebten Muttersprache durch unverständliche oder unnötige oder schlimmstenfalls unverständliche *und* unnötige Fremdwörter aus dem Italienischen oder dem Französischen!

Eine Zeit lang sah es tatsächlich so aus, als könnte durch die Anstrengungen nur einiger Hundert gut situierter Idealisten Deutsch dauerhaft vor unerfreulichen Einflüssen von außen geschützt werden. Mit ein bisschen Glück und etwas mehr Durchhaltevermögen der Aktivisten hätte ein einheitliches Deutsch dem Lateinischen und Griechischen – damals in etwa so bedeutend wie heute Englisch und Chinesisch – als Schriftsprache ebenbürtig werden können. Für die deutsche Sprache hätte dies bereits frühzeitig eine geistige Weichenstellung bedeutet. Doch es kam leider anders.

Fürst Ludwig von Anhalt-Köthen starb im Jahr 1650. Sein Engagement konnte nur noch einige Jahre in gleichem Maß aufrechterhalten werden. Aber wie das meistens so war, wenn ein überaus charismatischer Anführer das Zeitliche segnete, ging es auch mit dieser Organisation unter den Nachfolgern steil bergab. Unter Wilhelm dem Schmackhaften begann bereits der unaufhaltsame Niedergang. Viele Mitglieder verzettelten sich in unwichtigen Detailfragen, anstatt das große Ganze im Auge zu behalten – so wie sie es von Ludwig vorgelebt bekommen hatten. Andere dagegen sahen sich weniger als Wissenszirkel denn als höfischer Eliteorden und ließen, man kann es nicht anders sagen, ihren Status ziemlich heraushängen.

Die Anerkennung innerhalb der Bevölkerung schwand rapide – und was noch viel schlimmer war: Auch mit dem Ansehen bei Dichtern und Denkern ging es steil bergab. Der letzte Vorsitzende der »Fruchtbringer« hieß August der Behutsame. Er ließ zwar rauschende Feste feiern und prahlte landauf, landab mit seinen zahlreichen Einladungen an mehr oder weniger bekannte Lyriker und Poeten. In der Wirkungsweise der Vereinigung jedoch wurde er seinem Namen voll gerecht: Vor lauter Behutsamkeit ging im Intellektuellenzirkel leider gar nichts mehr. 1680 löste sich die »Fruchtbringende Gesellschaft« auf. So bleibt als Fazit, dass ihr Gründer Ludwig von Anhalt-Köthen eine gute Idee hatte, die leider an der mangelnden Weitsicht und der Eitelkeit seiner Nachfolger scheiterte. Und das praktisch von jenem Moment an, ab dem er in seiner Gruft unterhalb der Köthener Jakobskirche lag. Angesichts des heutigen Zustandes unserer Sprache darf man vermuten, dass es dort unten ziemlich unruhig zugeht.

Erstaunlicherweise haben wir auch von der »Fruchtbringenden Gesellschaft« nie etwas im Deutschunterricht gehört. Dabei hätte es dieser visionäre Gedanke wirklich verdient gehabt, näher beleuchtet zu werden. Womöglich hätten wir so ein etwas ausgeprägteres Gefühl dafür entwickelt, was einer Sprache guttut und was eher nicht. Aber wahrscheinlich gab es für das Thema einfach kein Arbeitsblatt.

Weil die Berliner lieber auf dem Trottoir laufen wollten

Wer meint, die vielen Anglizismen, die uns im weiteren Verlauf dieses Buches leider noch allzu häufig begegnen werden, wären die ersten fremdartigen Einflüsse auf unsere schöne und doch so gepeinigte Sprache, dem sei hiermit beschieden: mitnichten! Dem Trend zu mehr oder weniger bescheuerten Begrifflichkeiten aus dem Angelsächsischen ging eine andere Mode weit voraus: Ohne Worte aus dem Französischen einzustreuen, traute man sich vor rund 300 Jahren gar nicht erst, den Mund aufzumachen, wollte man – Achtung – chic sein! Manch einer aus den vermeintlich besseren Kreisen unterhielt sich gar nur noch auf Französisch.

Schon seit dem frühen Mittelalter gelangten immer mal wieder französische Begriffe in unseren Wortschatz. Grund dafür waren vor allem die zahlreichen ausgiebigen Dienstreisen damaliger Kaufleute nach Frankreich, das als unumstrittenes Handels- und Kulturzentrum Europas galt. Und weil die historischen Touristen vor Ort bereits vorwiegend in *Hôtels* abstiegen, sich die Haare beim *Friseur* schneiden ließen und schlussendlich *Parfum* oder *Café* von ihren Einkaufstouren mit nach Hause brachten, bürgerten sich die Worte nach und nach auch bei uns ein.

Auch von den Kreuzzügen kehrten viele hiesige Krieger stets mit ein paar Brocken Französisch auf der Zunge zurück. Mittels derer mussten sie sich notgedrungen mit ihren nicht des Mittelhochdeutschen mächtigen französischen Ritterkollegen verständigen, weil die sich jeglicher Fremdsprache ebenso standhaft verweigerten wie heute noch jeder einheimische Kellner in einem beliebigen Ausflugslokal am Strand von Nizza.

Während der Hugenottenkriege und auch im Dreißigjährigen Krieg wiederum waren die Protestanten in Frankreich nicht besonders wohlgelitten und fanden schließlich in einigen deutschen Gebieten Zuflucht. Mit den Glaubensflüchtlingen kamen denn auch eine Reihe weiterer Wörter zu uns, die wir teils unverändert, teils verfremdet auch heute noch verwenden. Wenn man zum Beispiel auf dem *Trottoir* zur nächsten *Boutique* flaniert, dann deshalb, weil die Berliner, die besonders viele Hugenotten aufnahmen, diese Ausdrucksweise deutlich eleganter fanden, als auf dem Bürgersteig ins nächste Ladengeschäft zu laufen. Selbst die *Bulette* heißt nur deshalb so, weil sie halt aussieht wie ein »Kügelchen« aus Hack.

»Das seind aber teutsche Galanterien, frembde Sprachen einzumischen«, stellte Liselotte von der Pfalz schon 1710 in einem Brief zerknirscht fest. Die arme Lotte wurde von ihrem Vater 40 Jahre zuvor an den französischen Hof geschickt, um den Bruder Ludwigs XIV. zu heiraten – und hatte irgendwann die Nase voll von den abgehobenen Sprachgebräuchen ihrer alten Heimat. Dass sie dabei selbst ein französisches Wort gebrauchte, um die Torheit ihrer Standes- und Volksgenossen anzuprangern, sei ihr verziehen! Wie recht die Dame hatte, wurde spätestens ein paar Jahre später deutlich: Mit der Amtszeit

Friedrichs des Großen war es mit jeglicher überregionalen Bedeutung unserer Sprache passé!

Der Alte Fritz bezeichnete sich zwar – zumindest in seinen späten Regierungsjahren – ganz unprätentiös als »Ersten Diener des Staates«. Der Sprache dieses Staates aber beschied der vornehme Hohenzoller mit dem Faible fürs Linksrheinische, eher eine Sprache für ungehobelte Bauernknechte zu sein. Damit ging der Mann voll und ganz *d'accord* mit den meisten anderen Von und Zus seiner Zeit, in der die zarten Errungenschaften der »Fruchtbringer« längst in Vergessenheit geraten waren. Kein Wunder, dass sich Friedrich seine Freunde ebenfalls nicht vor der Haustüre suchte, sondern lieber in Paris: Die geistige Beziehung zu Voltaire, dem Vorzeigeliteraten der dortigen *Haute-Volée*, pflegte der König schon in verhältnismäßig jungen Jahren und verschlang dessen Werk mit *Pläsier*!

Dafür musste er allerdings Französisch lernen – was damals in Adelskreisen ohnehin üblich war: Die reichen Leute wollten sich auf diese Weise nicht nur vom ungebildeten, einsprachigen Pöbel abgrenzen. Sie hatten auch genug Zeit dafür, ihren Tag mit derartigen Studien zuzubringen. Und Voltaire selbst, der mit bürgerlichem Namen recht unspektakulär François-Marie Arouet hieß, sprach, schrieb und verstand ohnehin kein Wort Deutsch. Dennoch verstieg er sich zu der Frechheit, dass unsere Sprache nur für Soldaten und Pferde zur Verständigung geeignet sei. 1750 schließlich lud der pedantische Preußenherrscher seinen dichtenden Kompagnon sowie ein paar andere französische Besserverdiener auf sein Schloss ein, das er »Sanssouci« genannt hatte – weniger in der irrigen Hoffnung, dort ein sorgenfreies Regentenleben führen zu können als vielmehr deshalb, um mit der privilegierten Namensgebung in der erlauchten *Clique* ein bisschen anzugeben.

Bei Hofe schleuderten sich die Gäste in der Folgezeit französische Verse um die Ohren, dass das *Passé simple* nur so rauschte! Die oberen Zehntausend sprachen die Sprache des Nachbarn bald besser als Deutsch, und der Preußenkönig unterstützte diese linguistische Entfremdung nach Kräften – bis sich Friedrich überraschend mit Voltaire zerstritt: Unter anderem kam es zum *Eklat*, weil die *Kanaille* sich auf ein unerlaubtes Aktiengeschäft mit sächsischen Staatsanleihen eingelassen hatte. Der Dichter wurde zwar *tout de suite* unehrenhaft entlassen. Um den *Jargon* der Dortgebliebenen aber war es da schon längst geschehen: Das Erdgeschoss hieß nunmehr *Parterre*, der Abort *Toilette*, die Hauswirtschafterin *Mamsell*, die Hauswand *Fassade* – und wenn man etwas unter vier Augen zu besprechen hatte, dann machte man das ausschließlich *entre nous*.

Der einfache Bürger verstand fast gar nichts mehr! Aber der konnte sich Materialien wie *Chiffon*, *Satin* oder *Gobelin* ebenso wenig leisten wie *Champagner* oder ein *Dessert*. Selbst die bucklige Verwandtschaft musste nun für die neuen Konversationssitten herhalten. Die Base war plötzlich die *Cousine*, der Vetter der *Cousin*, und wer als Oheim beziehungsweise Muhme etwas auf sich hielt, wollte fortan *Onkel* oder *Tante* genannt werden. Im Jahre 1800 soll es in Deutschland mehr französische Grammatikformen gegeben haben als in Frankreich selbst. Es war eine echte *Farce*!

Auch wenn diese Mode später wieder abebbte – dank einer abgehobenen Oberschicht benutzen wir auch heute noch ein paar Hundert sogenannter Gallizismen (so heißen die wirklich), ohne dass wir die überhaupt bemerken. Oder was glauben Sie, warum Sie sich wohl im *Büro* über Ihren *Chef* ärgern müssen und nicht über den Vorgesetzten im Schreibkontor?

Weil kein Schüler je Karl May in der Schule lesen durfte

Auf dem Deutschlehrplan einer jeden deutschen Oberschule standen seit jeher alle relevanten Epochen der hiesigen Literatur sowie jede Menge theoretisches Beiwerk. Und so haben sich Abermillionen von Schülern ab ihrem zehnten oder elften Lebensjahr in sechs bis acht Wochenstunden notgedrungen durch die Jahrhunderte gequält: Sie haben den Kopf geschüttelt über die so unfreiwillig komische Sprache des Barock. Sie haben mühsam versucht, die Gedanken der Aufklärung zu verstehen. Sie haben Schillers *Glocke* auswendig gelernt. Und sie haben anhand der Biografien von Franz Grillparzer, Nikolaus Lenau oder Eduard Mörike begriffen, dass man offenbar pathologischer Hypochonder sein musste, um im Biedermeier Balladen schreiben zu können. Nach der jeweiligen Klausur haben sie dann die kleinen und bis oben hin vollgeschmierten Reclam-Heftchen umgehend weggeschmissen. Oder spätestens ein paar Jahre später beim Aufräumen ihres Zimmers.

Was haben sie nicht alles durchgelesen, nur um »zu lernen, in Wort und Schrift verständlich, sach-, situations- und adressatengerecht sowie stilsicher zu formulieren und Sprache als gestaltbares Medium zu verstehen«, wie es etwa im offiziellen Curriculum für bayerische Gymnasien hieß. Doch ob dabei wirklich etwa *Emilia Galotti* geholfen hat, darf bezweifelt werden. Nichts gegen Lessing! Aber der von ihm umständlich beschriebene Konflikt zwischen Adel und Bürgertum um ein willenloses Mädchen dürfte eher weniger dazu geeignet gewesen sein, die Liebe eines vielleicht 17- oder 18-jährigen Schülers zum Deutschen zu wecken.

Mag sein, dass das biografische Wissen über Hölderlin und Rilke, über die Konkurrenz von Heinrich und Thomas Mann, über Didaktik und die metaphorische Bedeutung der *Ringparabel* irgendwo den Horizont eines Pennälers erweitert hat. Enthusiasmus für unsere großartige Sprache aber hat der Deutschunterricht in all den Jahrzehnten kaum vermittelt. Sondern vor allem das Gefühl, dass wir etwas pauken mussten, was wir nie wieder brauchen würden – es sei denn, wir hätten Regisseur am Stadttheater werden wollen oder Intendant der Bayreuther Festspiele. Das lag nicht einmal an den Lehrern, obwohl jene Exemplare der Fachrichtung Deutsch in ihren ausgebeulten Cordsakkos immer etwas ungepflegter und zerstreuter wirkten als ihre Kollegen aus Geologie, Chemie oder Wirtschaft. Es lag hauptsächlich an der traurigen Tatsache, dass sich kaum ein Schüler mit dem Lesestoff beschäftigen durfte, den er sich auch freiwillig im Buchladen gekauft hätte.

Nehmen wir nur das Beispiel Karl May. Sicher – der Mann war erwiesenermaßen ein Hochstapler und Blender. Und vor seiner literarischen Karriere hat er wegen einiger Diebstähle sieben Jahre im Zuchthaus verbracht. Aber ohne jeden Zweifel ist er mit rund 200 Millionen verkauften Büchern einer der meistgelesenen deutschsprachigen Schriftsteller aller Zeiten. Irgendetwas musste also dran sein an der Kunst dieses Autors, der es wie kein Zweiter verstand, Generationen von Kindern, Jugendlichen und Erwachsenen für seine Romane zu begeistern.

Allein die Tatsache, dass May niemals den Wilden Westen bereiste und auch Amerika als solches erst nach der Erstellung seiner Geschichten besuchte, Landschaften und Leute aber um Lichtjahre anschaulicher beschreiben konnte, als jeder Reisejournalist das heute je in einem umfangreich bebilderten Blog oder ähnlichem neumodischen Unsinn könnte, war ganz große Kunst. Auch sein Spannungsaufbau musste sich vor dem großer Prosa nicht verstecken, und philosophische oder komische Momente fanden unsere Großeltern, unsere Eltern und wir ebenfalls zuhauf in den *Winnetou*-Büchern, im *Schatz im Silbersee* oder dem *Ölprinz*.

Der fantasievolle Sachse aber wurde von den Kultusministerien konsequent ignoriert. Man musste den tapferen Apachenhäuptling ganz sicher nicht mögen, aber die Hälfte der Klasse hätte ein Deutschlehrer mit einer tiefer gehenden Behandlung jener Stoffe schon mal in der Tasche gehabt. Und die andere Hälfte hätte zumindest schon einmal von ihnen gehört gehabt, was im Falle von Pflichtlektüren wie den Werken Friedrich Gottlieb Klopstocks oder Karl Gutzkows nicht immer der Fall gewesen sein dürfte.

Es lag der Verdacht nahe, dass manche Literatur aus den Schulen regelrecht ausgesperrt wurde, nur weil sie erfolgreich war. Was von Millionen Menschen gelesen wurde, konnte intellektuell nicht anspruchsvoll sein. Selbstverständlich kam ein Oberprimaner an Kafka und Kollegen nicht vorbei, sollte er sich umfänglich mit unserer Sprache auseinandersetzen. Nur mit ihnen aber konnte sich selbst ein sprachlich hochbegabter Schüler kaum literarisch wach küssen lassen. Doch wenn die Schule seit Generationen lediglich dazu animierte, widerwillig zu repetieren oder auswendig zu lernen, dann brauchen wir uns nicht darüber zu wundern, dass heute selbst ein überdurchschnittlich begabter Abiturient Genazino für den Besitzer der Eisdiele nebenan hält. Und das ist echt schade!

Weil Muhlenberg dagegenstimmte

Englisch, das bekamen wir schnell mit, ist eine echte Weltsprache! Allein rund 350 Millionen Menschen beherrschen es als Muttersprache, und schätzungsweise eine Milliarde verstehen wenigstens so viel davon, dass man sich mit ihnen mehr oder weniger umfangreich auf Englisch verständigen kann: In Buenos Aires, Johannesburg, Dubai oder sogar Peking dürfte man nicht verhungern und verdursten, wenn man wenigstens die Worte *beer* und *chicken* herausbringt. Wie weit verbreitet diese westgermanische Sprache wirklich ist, kann man schon daran erkennen, dass sie in knapp sechzig Staaten als Amtssprache eingesetzt wird, darunter Antigua, Papua-Neuguinea oder Vanuatu. Und selbst wir konnten bereits am ersten Tag unseres Schüleraustausches in Perranporth/Cornwall unfallfrei ein Pint Lager und eine Portion Fish and Chips im *Fountain Pub* bestellen, bevor wir daheim wussten, wer Theodor Fontane war. Man musste halt bei der Bildung Schwerpunkte setzen.

Natürlich hat an dieser beeindruckenden Entwicklung die englische Krone mit ihrer, sagen wir mal, beherzten Erweiterungspolitik des 19. Jahrhunderts, als das British Empire ein Viertel der Erdoberfläche beherrschte, einen gehörigen Anteil. Eine wesentliche Rolle, warum an Englisch auch heute noch kaum ein Weg vorbeiführt, kommt aber natürlich den Vereinigten Staaten von Amerika zu. Schon allein deshalb, weil wir vor allem seit dem Ende des Zweiten Weltkriegs sehr viele kulturelle und gesellschaftliche Einflüsse aus den USA übernommen haben. Dabei hätte die Sache mit der *language* im drittgrößten Land der Welt einst auch ganz anders laufen können.

Denn auch in Nordamerika waren zwar die Briten in Sachen Eroberung die Ersten. Nach der Unabhängigkeitserklärung von 1776 jedoch schien die junge Nation wild entschlossen, sich von den imperialistischen Machthabern der alten Welt schleunigst zu emanzipieren. Und was hätte eine vollständige Abnabelung von Großbritannien besser verdeutlichen können als die Einführung einer anderen Sprache? Immerhin war Englisch die Ausdrucksweise jener Besatzer, die es wagten, in Übersee Steuern zu erheben, obwohl kein einziger Amerikaner im Londoner Parlament eine Stimme hatte. Klar, dass Thomas Jefferson, Benjamin Franklin und ihre tapferen Mitstreiter einen gehörigen Groll gegenüber allen englischen Insignien und Symbolen hatten.

Allerdings gab es ein nicht unerhebliches Problem: Die meisten Bewohner der insgesamt 13 britischen Kolonien von New Hampshire im Norden bis Georgia im Süden konnten logischerweise nur Englisch. Nicht, weil sie das wollten. Sondern weil sie seit dem Beginn der europäischen Kolonialisierung zu Beginn des 17. Jahrhunderts nichts anderes kannten – sie stammten ja selbst zumeist von Engländern ab. Und ein möglicher größerer Einfluss der Franzosen war erst ein paar Jahre zuvor mit geeinten Kräften niedergebügelt worden.

Zum Glück gab es aber eine Gruppe deutscher Einwanderer, die in diesen unruhigen Zeiten eine rettende Idee zu haben schien: Mit Deutsch als neuer amerikanischer Amtssprache könnte man nicht nur dem verhassten King George III. eins auswischen. Dieser Schachzug würde darüber hinaus noch Anreize schaffen, mehr Menschen aus dem fernen Deutschen Reich anzulocken, anstatt ständig nervige Nachzügler aus dem United Kingdom begrüßen zu müssen. Doch noch hatten die Deutschen nicht genügend Einfluss, ihr Anliegen durchzusetzen.

Einige Zeit später war es dann aber so weit: 1828 stellte die deutsche Minderheit in Pennsylvania den Antrag, Deutsch offiziell – zunächst dort – einzuführen; die meisten Deutschen lebten auch in diesem Bundesstaat. Für den Rest des großen Landes würde sich die neue Sprache im Lauf der folgenden Jahre dann schon ihren Weg bahnen. Der kühne Antrag jedoch wurde mit nur einer einzigen Stimme Mehrheit für immer und ewig abgelehnt. Es war ausgerechnet die Stimme des deutschen Immigranten Frederick Muhlenberg! Um ein Haar also wäre Deutsch zunächst per Verordnung in Pennsylvania gesprochen worden, wenig später vermutlich in all den anderen ehemaligen Kolonien, in New York, Washington oder Chicago – und nur ein verbohrter Trottel verhinderte mit seinem Veto den Aufstieg unserer Sprache zur weltweiten Redeweise Nummer eins. So zumindest geht die Legende, die sich seit beinahe 200 Jahren hartnäckig hält – und die von deutschen und auch amerikanischen Medien immer mal wieder ausgegraben wird. Sie stimmt zwar nicht ganz, aber mehr als einen Funken Wahrheit enthält sie doch!

Denn Frederick Muhlenberg gab es wirklich: Sein Vater galt als einer der Begründer der evangelischen Kirche in den USA und stammte aus der niedersächsischen Bierstadt Einbeck. Frederick aber hatte mit seinen Vorfahren aus dem Land der Brauer und Bäcker und ihren Gebräuchen nicht mehr viel am Hut, weshalb er in seiner Eigenschaft als erster Sprecher des Repräsentantenhauses tatsächlich gegen die Sprache seiner Ahnen votierte. Allerdings fand diese Abstimmung nicht 1828 in Pennsylvania statt, sondern 34 Jahre zuvor in Virginia. Und es ging es lediglich darum, ob englische Gesetzestexte auch eine deutsche Fassung erhalten sollten, damit den neuen Bürgern aus Berlin, Leipzig oder Heidelberg die Eingewöhnung jenseits des Atlantiks leichter fiel. Muhlenbergs Standpunkt dagegen war, dass man sich lieber den Begebenheiten der neuen Heimat anpassen sollte, anstatt die alten Gewohnheiten zu bewahren. Er setzte sich durch.

Danach gab es nie wieder ernsthafte Bestrebungen, Deutsch anstelle von Englisch in den USA als wichtigste Sprache zu etablieren. Und spätestens seit dem Ersten Weltkrieg ist dort deswegen auch keiner mehr böse, obwohl 40 Millionen Amerikaner behaupten, deutsche Vorfahren zu haben. Das einzige linguistische Überbleibsel der vermeintlichen Sprachrebellen von Pennsylvania und ihrer Nachkommen, die es vorwiegend nach Ohio, Missouri oder Wisconsin zog, sind ein paar abgekupferte Ortsbezeichnungen wie Frankfurt, Rosenheim oder Stuttgart, zahlreiche Familiennamen – und natürlich so wunderbare deutsche Wörter wie *Kindergarten*, *Rollmops* und *Oktoberfest*, für die es bis heute keine Übersetzung gibt.

Ob die von Muhlenberg gerade noch verhinderte Verteilung amerikanischer Gesetze auf Deutsch wirklich jemals dazu geführt hätte, dass Elvis nicht nur ein kümmerliches Volkslied auf Deutsch gesungen hätte, sondern sein ganzes Werk; ob es dazu gekommen wäre, dass alle Werke aus der berühmten Filmfabrik im kalifornischen *Stechpalmenwald* für uns niemals hätten synchronisiert werden müssen, oder dazu, dass Liz Taylor als Elisabeth Schneider weltberühmt geworden wäre – das freilich wird für alle Zeiten unbeantwortet bleiben. Eine lustige Vorstellung ist es allerdings schon! Was wäre uns nicht alles erspart geblieben …

Weil uns die Grimms Märchen erzählten

Wenn wir uns zurückerinnern, so kamen wir bereits früh in Berührung mit einem Stück deutscher Literatur- und damit Sprachgeschichte. Allerdings wussten wir dies damals natürlich noch nicht, als uns unsere Eltern wechselseitig vor dem Einschlafen die Geschichten von *Sterntaler*, *Frau Holle* oder dem *Wolf und den sieben Geißlein* erzählten: Es waren die Märchen der Gebrüder Grimm, die unsere Kindheit lange begleiteten. Und auch wenn wir normalerweise vor dem jeweiligen Ende friedlich wegschlummerten, so wollten wir die fantastischen, unglaublichen und teilweise auch gruseligen Fabeln aus dem vergilbten Buch mit dem grünen Ledereinband nicht missen; zumindest bis zum Siegeszug der Musikkassette. Anscheinend aber waren diese deutschesten aller deutschen Sagen auf einer Lüge aufgebaut! Doch der Reihe nach …

Mit der Gründung des Deutschen Reiches im Jahr 1871 war es so weit: Unser Land war nun endlich fast deckungsgleich mit der Fläche, auf der all jene Menschen lebten, die auch Deutsch sprachen. Zum Glück herrschte zu diesem Zeitpunkt schon weitgehend Einigkeit, wie diese Sprache überhaupt aussehen sollte respektive wie sie geschrieben werden musste, damit zum Beispiel ein Brief, der in Königsberg aufgegeben wurde, auch ein paar Hundert Kilometer weiter westlich in Koblenz verstanden werden konnte.

Gekümmert hatten sich darum nicht nur die schon erwähnten Dichterfürsten Goethe und Schiller mit ihren Kollegen, die in ihren Weimarer Werken für die folgenden Jahrzehnte Maßstäbe in Sachen Ausdrucksweise und Rechtschreibung setzten. Sondern zuvor auch sprachliche Idealisten wie Johann Christoph Adelung, denen es weniger um den Ruhm als vielmehr um die Sache ging!

Adelung war eigentlich Oberbibliothekar der Kurfürstlichen Bibliothek in Dresden. Und in dieser Eigenschaft machte er sich Gedanken, was man anstellen musste, dass nicht jeder, der schreiben konnte, einfach so schrieb, wie er es für richtig hielt. Also setzte er sich jahrelang nach Dienstschluss hin – und verfasste das *Wörterbuch der hochdeutschen Mundart*, das 1774 fertig wurde. In diesem legendären Nachschlagewerk waren bereits 60.000 Einträge enthalten, in denen die Herkunft oder die Schreibweise der seinerzeit am häufigsten gebrauchten deutschen Begriffe erklärt wurden. 55 Jahre vor der Geburt eines gewissen Konrad Duden gab es also bereits einen Vorläufer dessen späteren Werkes.

Leider hielten sich aber in den folgenden Jahren nicht besonders viele Leute an Adelungs akribische Aufzeichnungen. Überall in der Kultur war gerade die Epoche der Romantik schwer angesagt, und wer hier auch nur ansatzweise literarischen Erfolg haben wollte, der richtete sich ganz sicher nicht nach irgendeinem strengen Wörterbuch, das ein sächsischer Bibliothekenvorsteher zusammengestellt hatte. Die Überflieger des seinerzeitigen Schriftstellerhimmels bedienten sich viel lieber einer überladenen mittelalterlichen Diktion, denn das Mittelalter war sowieso total modern!

Einer von denen, die der festen Ansicht waren, einzig und allein im Mittelalter hätte unsere Sprache ihre Blütezeit gehabt, war ausgerechnet

Jacob Grimm. Die um ein Jahr ältere Hälfte der schon erwähnten und später berühmt gewordenen Gebrüder hielt vor allem das geschriebene Deutsch für einen müden Abklatsch dessen, was einige Jahrhunderte zuvor zu Pergament gebracht worden war. Seine Märchensammlung, die er mit Bruder Wilhelm zusammentrug, war gespickt mit eigentlich längst überholten Anlehnungen und Begrifflichkeiten an die gute alte Zeit. Es war, als schriebe heute etwa Martin Walser in Sonettform.

Viel schwerer aber wog, dass die Grimms ihre Leser ordentlich an der Nase herumführten: So ließen sie Generationen von Deutschen im ersten Band ihrer *Kinder- und Hausmärchen* glauben, sie seien in ihrer Heimat von Haus zu Haus gezogen – und hätten sich dabei von alten Menschen Sagen wie *Aschenputtel* oder *Rapunzel* berichten lassen, die diese wiederum von ihren Ahnen und Urahnen überliefert bekommen hätten. So wollten sie den Eindruck erwecken, wirkliche deutsche Volksmärchen gefunden zu haben.

Doch das stimmte gar nicht: Jacob und Wilhelm Grimm ließen sich die fantastischen Abenteuer allesamt zu Hause beschreiben. Von wem – das verrieten sie nicht. Erst viel später fanden Forscher heraus, dass zum Beispiel Annette von Droste-Hülshoff unter den Zulieferern war. Vermutlich war es der später selbst berühmt gewordenen Schriftstellerin ein bisschen peinlich, dass sie sich in jungen Jahren mit solchem Kinderkram abgegeben hatte. Jedenfalls schwieg sie zu Lebzeiten über ihre Urheberschaft. Auch die hessische Familie Hassenpflug steuerte eine ganze Menge Material für den Grimm'schen Erfolgsband bei, darunter *Rotkäppchen* oder *Das tapfere Schneiderlein*. Die Vorfahren der Hassenpflugs kamen jedoch ursprünglich aus Frankreich, sodass es als gesichert gilt, dass eine Reihe der bekanntesten vermeintlichen deutschen Volksmärchen aus der Feder eines Pariser Beamten stammten.

Insofern warf Jacob Grimm mit seinem Mittelaltertick nicht nur die Entwicklung des Hochdeutschen ein ganzes Stück zurück, als die sich eigentlich gerade auf einem ganz guten Weg befand. Er schaffte es zudem, dass wir noch heute glauben, der *Gestiefelte Kater* gehöre unumstößlich zu unserem literarischen Erbe. Dabei ist das Viech genauso deutsch wie der Eiffelturm! Wer weiß, wo die Bremer Stadtmusikanten eigentlich herkamen.

Immerhin schienen die Grimms deshalb ein schlechtes Gewissen zu haben, denn im Herbst ihrer Karriere kümmerten sie sich dann doch noch um eine anständige Katalogisierung unserer Sprache, wie es einst schon Adelung versucht hatte: Wilhelm und Jacob erforschten plötzlich mit Feuereifer den Ursprung und die Lautentwicklung Tausender deutscher Wörter und hielten dies in ihrem Werk *Deutsche Grammatik* fest. Leider aber hatten sie sich da schon zu lange mit ihren Märchen aufgehalten: 1859 starb erst der ältere, vier Jahre später der jüngere Grimm-Bruder. Ihr bahnbrechendes Mammutprojekt indes reichte zu diesem Zeitpunkt gerade einmal bis zum Buchstaben »F«: Der letzte Eintrag von Wilhelm war das Wort *Furcht*. Tja, und bis der »Große Grimm« dann von anderen Wissenschaftlern vollendet wurde, sollte es noch unglaubliche 98 Jahre dauern. Für die Rettung unserer Sprache war es da wahrscheinlich schon zu spät!

Weil es in Preußen zu viele Beamte gab

Die erste Ahnung davon, dass es innerhalb unserer Sprache offensichtlich noch ein Paralleluniversum mit einer ganz eigenen Ausdrucksweise gab, hatten wir mit 14 Jahren. Damals mussten wir höchstpersönlich und mit unserem Kinderausweis bei der Fahrscheinausgabestelle unserer Stadtwerke vorstellig werden, um auch weiterhin eine ermäßigte Halbjahreskarte erwerben zu dürfen. Also legte uns die Dame hinter dem Schalter einen zweiseitigen *Antrag zur Erteilung einer subventionierten Schülerwertmarke im ÖPNV des Verbundgroßraumes* vor. Wir hatten keinen Schimmer, was wir da ausfüllten. Aber die Karte gab es dann doch, als wir die allererste offizielle Unterschrift unseres Lebens auf den Bogen setzten, interessanterweise über den Punkt *Antragsteller (bzw. gesetzl. Vormund),* und bezahlten.

Seitdem wissen wir: In Deutschland wird alles irgendwo penibel geregelt. Es existieren allein rund 2000 Bundesgesetze und 3500 Verordnungen mit knapp 80.000 einzelnen Artikeln und Paragrafen. Der Verband der Städtestatistiker rechnete vor einigen Jahren aus, dass auf kommunaler Ebene nochmals gut 55.000 Einzelnormen dazukommen. Darunter befinden sich zum Beispiel für das Gemeinwesen essenzielle Vorschriften wie die *Feiertagsschutzverordnung*, die Grillzeiten im Garten und Öffnungszeiten für Autowaschanlagen bestimmt. Und wer erfahren will, wie lange er seine Steuerunterlagen aufbewahren muss, muss sich durch HGB, *Abgabenordnung* oder *Umsatzsteuergesetz* arbeiten, um genau Bescheid zu wissen. Mag sein, dass es im US-Staat Alabama vorgeschrieben ist, in Anwesenheit einer Frau nicht auf den Boden zu spucken. Mag auch sein, dass man in Pennsylvania per Dekret nicht in der Badewanne singen darf. Aber all das ist nichts gegen den deutschen Behördenwahnsinn – und seine bekloppte Sprache!

Womöglich wäre diesbezüglich einiges anders verlaufen, wenn es Friedrich Wilhelm I. – dem Vater unseres Franzosenfreundes – nicht irgendwann während seiner fast 30-jährigen Regentschaft eingefallen wäre, die Ausbildung der Staatsdiener zu vereinheitlichen. Natürlich hatte jeder anständige Fürst oder Herzog schon seit dem Mittelalter Leute angestellt, die ausschließlich dem Regenten verpflichtet waren und sich akribisch um Einhaltung und Umsetzung der jeweiligen Gesetze kümmerten. Aber erst auf Friedrich Wilhelms Betreiben hin entstanden etwa der sogenannte *Vorbereitungsdienst* oder die *Laufbahnprüfung*. Ein Zurück zum normalen Leben gab's danach kaum: Schon damals mussten sich die Beamten auf Lebenszeit ihrem Monarchen verpflichten. Als Gegenleistung gab es üppige Entlohnung und besondere Privilegien. Die Basis für die Verbeamtung einer ganzen Nation und ihrer Sprache war gelegt.

Was der Soldatenkönig und später sein Sohn in mutmaßlich guter Absicht begannen, wurde im 19. Jahrhundert zu einer wahren Manie: Überall begannen die deutschen Länder, sich gegenseitig in Sachen Normierung zu überbieten. Als besonders fortschrittlich galt, wer möglichst viele Lebensbereiche unmissverständlich legislativ geregelt hatte – wobei sich das Unmissverständliche vorwiegend auf ausufernde Regelungen für jeden Kleinkram bezog. Zwei Jahre nach der Gründung des Deutschen Reiches schließlich trat 1873 das *Reichsbeamtengesetz* in Kraft. Und der gesunde Menschenverstand gleichzeitig für immer in den Hintergrund.

Denn offenbar bestand seit jeher die Hauptaufgabe der Staatsbediensteten darin, möglichst umständliche Formulierungen zu finden, die der normale Bürger ohne ihre Hilfe nicht mehr entschlüsseln konnte. Wie sonst wären entsetzliche Wortschöpfungen wie *Grunddienstbarkeitsbewilligungserklärung*, *Abstandseinhaltungserfassungsvorrichtung* oder *Kostenzusageübernahmeverpflichtung* zu erklären?

Zu allem Übel hat sich dieser Bastard unserer Sprache im Lauf der Jahrzehnte immer weiter verselbstständigt – was natürlich weiter kein Wunder war angesichts von bis zu fünf Millionen Staatsdienern, die es in Deutschland seit dem Ende des Zweiten Weltkriegs regelmäßig gab. Es war also nur eine Frage der Zeit, bis für einen Mitarbeiter in einer Baubehörde eines Tages ein stinknormaler Zaun eben kein Zaun mehr war, sondern eine *Einfriedung*. Getreu dieser Logik musste auch ein simples Drehkreuz irgendwann *Personenvereinzelungsanlage* genannt werden und der Blinker an Auto oder Motorrad *Fahrtrichtungsanzeiger*. Das Unkraut am Wegesrand mutierte unterdessen zur *Spontanvegetation*, und das gute, alte Stammbuch wurde zur *Lebensberechtigungsbescheinigung*.

Das Fatale an derartigem Unsinn war, dass diese Begriffe den meisten Beamten natürlich irgendwann in Fleisch und Blut übergingen, nachdem sie den ganzen Arbeitstag damit zu tun hatten. Gut möglich, dass ein gewissenhafter Polizist nach 20 Dienstjahren auch im Urlaub kein Mittagessen bestellte, sondern eine Einsatzpause für die *Aufnahme einer warmen Mahlzeit* anberaumte und sich umgehend zur *innerhoheitsgebietlichen Betriebsmittelaufnahme* begab, wenn er vor der Grenze noch mal tanken musste. Und wer sein Berufsleben lang in einer Behörde gearbeitet, unzählige gleichlautende Protokolle ausgefüllt und sich vorwiegend mit Gleichgesinnten ausgetauscht hat, erwartet auch nach der Pensionierung keinen Telefonanruf mehr, sondern allenfalls eine *fernmündliche Anfrage*.

Warum man nach dem Eintritt in den Staatsdienst von einem Tag auf den anderen keine Verben mehr verwenden durfte, sondern vorwiegend in Substantiven reden und schreiben musste, war für einen Durchschnittsdeutschen ebenso wenig nachvollziehbar wie der behördliche Hang zu in Passiv gehaltenen Schachtelsätzen ohne Zuhilfenahme der die Objektivität verletzenden Gefühlsäußerungen sowie etwaiger Anlehnungen an die Umgangssprache. Hauptsache, der Verfasser eines amtlichen Schriftstücks konnte mehrfach im Dokument einen beliebigen Paragrafen zitieren, auf den sich der wirre Inhalt beziehen sollte. Dann war alles gut beziehungsweise *im Sinne eines positiven Gesamtergebnisses optimiert.*

Ob unser Preußenkönig allerdings wirklich stolz darauf wäre, dass die heutigen Vertreter des von ihm geschaffenen Standes *forstwirtschaftliche Nutzfläche mit Wildtierbestand* sagen, wenn sie den schönen, deutschen Wald meinen – das lassen wir einmal dahingestellt. Ein schwacher Trost für alle Nichtbeamten mag da höchstens sein, dass ganz am Ende auch für unsere Staatsbediensteten gilt: *Der Tod stellt aus versorgungsrechtlicher Sicht die stärkste Form der Dienstunfähigkeit dar.* Dann kann ja zumindest im Jenseits sprachlich nichts mehr schiefgehen …

Weil der Größte Feldherr aller Zeiten herrschte

Aus heutiger Sicht mutet es für uns Jahrzehnte nach der NS-Diktatur Geborenen schier unglaublich an, dass beinahe ein ganzes Volk einem Mann verfallen war, der mit vor der Brust verschränkten Armen verhältnismäßig inhaltsleere Hasstiraden in ein Mikrofon hineinschrie. Dennoch darf als sicher gelten, dass Adolf Hitler und seine Nationalsozialisten wohl niemals einen derartigen Erfolg gehabt hätten, wären ihre Strategen nicht auf die so geniale wie perfide Idee gekommen, sich gerade der Sprache als wirksamen Instruments zur Beeinflussung der Menschen zu bedienen.

Nun war die politische Ausdrucksweise im Deutschen Reich ohnehin schon seit einiger Zeit nichts für Feingeister: Die Kräfte der Weimarer Republik versuchten im Sog der Weltwirtschaftskrise, sich gegenseitig in der Wucht ihrer Parolen zu überbieten. Sozialisten und Kommunisten wandten sich als »Kampfbund« an die »vereinigte Arbeiterklasse« und forderten, dass zur »Verteidigung der Rechte des Proletariats« ordentlich »Blut fließen« müsse. Die Nationalisten hingegen schoben martialisch den »Juden und den Bolschewiken« die »Schuld am Untergang« zu, während selbst das christliche »Zentrum« auf seinen Plakaten aufrief, die »Fahne treu fürs Vaterland« zur Hand zu nehmen. Wer heute etwas Derartiges proklamierte, der sähe sich mit dem Verfassungsschutz konfrontiert, bevor der Leim auf der Litfaßsäule trocken wäre.

Vermutlich mussten auch die meisten normalen Menschen trotz der ökonomisch angespannten Lage über diese Auswüchse des politischen Dialogs schmunzeln – zumindest bis 1933. Adolf Hitler selbst wusste dagegen spätestens seit seinen erfolgreichen Auftritten im Münchner Bürgerbräukeller, welche beachtliche Wirkung auf seine Zuhörer er mit dem gezielten Einsatz nur weniger sprachlicher Mittel haben konnte. So fing er seine Reden stets leise und stockend an, um sich im weiteren Verlauf effektiver in eine Art Dauergeschrei hineinsteigern zu können, währenddessen es vollkommen egal war, ob das alles noch einen Gesamtzusammenhang ergab. Nach drei Minuten Gebrüll erntete der Mann schon allein deshalb Beifallsstürme, weil er zwischen den Wörtchen *niemals* und *aufgeben* eine vier Sekunden lange Pause machte!

Aufgrund dieser Erfahrungen ließ er gleich nach der Machtübernahme das Reichsministerium für Volksaufklärung und Propaganda gründen, das unter der Leitung des studierten Germanisten und gescheiterten Journalisten Joseph Goebbels fortan die unseligen Botschaften entwickelte, welche Hitler und seine NSDAP unters Volk brachten. Als Schriftsteller hatte es Goebbels, der 1929 mit dem sehr mäßig gelungenen Roman *Michael* debütierte, zu keinerlei Ruhm und Ehre gebracht – doch jetzt lief der Oberdemagoge zu Hochform auf.

Ein gern genommenes sprachliches Stilmittel, das Goebbels seiner Partei und seinem Führer auferlegte, war der Superlativ, der sich bald zigfach in jeder Aussendung und jedem *Wochenschau*-Bericht wiederfand: Das, was der Führer den lieben langen Tag so machte, war ausschließlich *gigantisch, ungeheuer, großartig, unnachahmlich* oder *einzigartig.* Hätte man für jedes *absolut, total* oder *ewig* eine Reichsmark bekommen, man hätte schon nach drei, vier Hitler-Auftritten ausgesorgt gehabt.

In Goebbels' eigener, berüchtigter Sportpalast-Rede schaffte es der Propagandaminister gar, Adjektive zu steigern, die inhaltlich bereits einen Superlativ ausdrückten: »Wollt ihr den totalen Krieg? Wollt ihr ihn, wenn nötig, totaler und radikaler, als wir ihn uns heute überhaupt noch vorstellen können? Ich frage euch: Ist euer Vertrauen zum Führer heute größer, gläubiger und unerschütterlicher denn je?« So etwas musste man sich erst mal ausdenken. Schon nach dem Feldzug gegen Frankreich hatte sich Hitler von seinem klumpfüßigen Freund zum *Größten Feldherrn aller Zeiten* ausrufen lassen – eine Nummer kleiner ging es einfach nicht mehr.

Besonders hinterhältig waren zudem die technischen oder verharmlosenden Begriffe, die sich die NS-Strategen für die Grausamkeiten ihres Regimes ersannen. Die erzwungene Eingliederung und Besetzung Österreichs wurde lapidar als *Anschluss* verkauft. Justizminister Franz Gürtner erfand das Wort *Gleichschaltung* als Bezeichnung für die Unterwerfung aller gesellschaftlichen und politischen Organisationen. Die systematische Ermordung aller europäischen Juden pervertierten die Nazis als *Endlösung*. Eine *Sonderbehandlung* erfuhr, wer gefoltert werden sollte. Und wer von den SS-Schergen vertrieben und verfolgt wurde, der wurde halt *umgesiedelt*.

Das Wörtchen *Heil*, das es in verschiedenen Ausformungen in allen germanischen Sprachen gab und das nichts anderes bedeutete als »Glück«, »Rettung« oder »Erlösung«, fand schon in der Bibel vielfältige Verwendung und wurde auch als politische Grußformel seit dem Ersten Weltkrieg benutzt. Doch erst Adolf Hitler machte daraus durch stete Wiederholung eine Parole, deren Verweigerung schlimme Strafen nach sich ziehen konnte. Wer auf »Heil Hitler« etwa antwortete: »Heil du ihn doch«, der wurde mit ziemlicher Sicherheit eingesperrt, wenn man ihn verpfiff. Wahrscheinlich ahnte Hitler einfach, dass man ihn ausgelacht hätte, hätte das Publikum am Ende einer Ansprache anstelle eines schneidigen *Sieg Heil* das damals übliche dreifache *Hipp, hipp, Hurra* gerufen.

Noch heute sind viele Begriffe und Redewendungen durch den Gebrauch während der Nazidiktatur derart negativ besetzt, dass so mancher Politiker nach der Verwendung gleich sein Rücktrittsschreiben diktieren kann. Dazu braucht es nicht einmal gleich den eigentlich harmlosen Spruch *Arbeit macht frei*, der ja nur als Losung über dem Eingang zum Konzentrationslager Auschwitz zynisch und ekelhaft wurde. Wer öffentlich – egal, in welchem Zusammenhang – *Mischehe*, *entartet* oder *Rasse* sagt, ist praktisch bereits weg vom Fenster. Der damalige Bundestagspräsident Philipp Jenninger musste noch am selben Tag zurücktreten, als er vor dem Bundestag eine Rede hielt, die sich in Teilen der NS-Sprache bediente und den Ausdruck *Reichskristallnacht* enthielt. Dass Jenninger anlässlich des Gedenktages an die Novemberpogrome von 1938 diese Sprache sowie einige Zitate Heinrich Himmlers aber nur nutzte, um das Phänomen des Nationalsozialismus anschaulicher zu machen, ging in der öffentlichen Debatte danach unter.

Grundsätzlich gilt: Nazivergleiche, egal, ob mit Personen, Methoden oder Institutionen, sind hierzulande meistens gleichbedeutend mit dem Ende der öffentlichen Karriere – und das auch noch fast 70 Jahre nach Kriegsende. Da hat Hitlers Propagandaministerium wirklich ganze Arbeit geleistet. Auch wenn wir im allgemeinen Sprachgebrauch auf Begriffe wie *absondern* oder *Euthanasie* natürlich getrost verzichten können – unsere Sprache hat angesichts des massiven Missbrauchs durch die Machthaber des Dritten Reichs ein Stück weit ihre Unschuld verloren, und mit Superlativen sollten wir auch vorsichtig umgehen. Wenigstens haben sämtliche Kabarettisten dieses Landes einen sicheren Lacher, wenn sie anfangen, das »R« zu rollen, und irgendeinen Satz schreien, der die Wörter *Volk*, *Reich* oder *Führer* enthält.

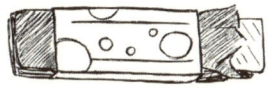

Weil unsere Großväter Chewing Gum und Elvis liebten

Natürlich war unmittelbar nach Kriegsende der kollektive Schock bei der Bevölkerung über den Zusammenbruch nicht nur eines kompletten Staates, sondern auch eines Systems, an das die meisten von ihnen bedingungslos geglaubt hatten, riesengroß. Deswegen wurde nach 1945 das meiste NS-Vokabular zunächst umgehend tabuisiert. Und vor allem die Jüngeren wandten sich auch aus Scham über das Geschehene mit Begeisterung der Sprache ihrer liebsten Befreier zu – einer Sprache, die in den folgenden Jahrzehnten den Einfluss des Französischen ein paar Hundert Jahre zuvor noch um Längen übertreffen sollte.

Bis dahin jedoch hatte Englisch in Deutschland so gut wie keine Rolle gespielt: Ende des 19. Jahrhunderts lernten die Knaben jener Eltern, die sich eine weiterbildende Schule für ihre Sprösslinge leisten konnten, ausschließlich Latein oder Griechisch. In den Mädchenschulen hatten diese klassischen Sprachen derweil keinen Platz, weil man Schülerin-

nen intellektuell nicht als geeignet erachtete, um sich den anspruchsvollen Erforschungen des Altertums widmen zu können. In Einzelfäl-
len bekamen die höheren Töchter allerdings ein paar Brocken Französisch beigebracht.

Auf dem allgemeinen Lehrplan der Gymnasien und Oberrealschulen
tauchte Englisch erst ab dem Jahr 1913 auf – wenn auch nur als Wahl-
fach und mit nicht einmal einem Zehntel der Wochenstunden von an-
geseheneren Fächern wie Latein oder Mathematik. Zehn Jahre später
löste es immerhin Französisch als erste moderne Fremdsprache ab. Damit freilich war ab Hitlers Machtergreifung schon wieder Schluss: Wer
sprach wie Chamberlain, Churchill oder Roosevelt, der machte sich
in den Augen der Nazis verdächtig, mit dem Feind kollaborieren zu
wollen. Selbst innerhalb der NS-Führungsriege, allesamt bekanntlich
Vertreter der selbsternannten Elite innerhalb der Herrenrasse, konnte
praktisch nur Außenminister Joachim von Ribbentrop gut Englisch.
Das aber war nicht seinem Amt geschuldet. Sondern der Tatsache, dass
die verzweifelten Eltern ihren kleinen Jockel drei Jahrzehnte zuvor notgedrungen nach England auf die Schule schicken mussten, weil er die
Penne hier nicht geschafft hatte. Daheim im Reich aber wurde Englisch
kaum noch gelehrt.

Das sah nach dem Zerfall des Naziregimes ganz anders aus: Konnten
sich 1945 gerade einmal geschätzte zehn Prozent der Bevölkerung mehr
oder weniger gut auf Englisch verständigen, kapierten bis Anfang der
Sechzigerjahre bereits 70 Prozent der Gymnasiasten und Realschüler,
was ihnen die Beatles oder die Stones vorsangen. 1964 kam Englisch
dann auch noch in unseren Hauptschulen in die Klassenzimmer.

Die Jugendlichen und jungen Erwachsenen, die nach 1935 geboren
wurden, waren der so modern anmutenden Sprache zu diesem Zeitpunkt ohnehin längst verfallen. Alles, was aus den USA kam, war neu,
anders – und stand zumindest in Westdeutschland für den sehnlichst
erwarteten Aufbruch in bessere und vor allem friedliche Zeiten. Dass
die GIs als Besatzer oftmals weniger martialisch auftraten als ihre rus-

sischen, französischen und britischen Kollegen, tat ein Übriges. Wessen Familie sich nur mit *Care*paketen über Wasser halten konnte oder von Rosinenbombern versorgt wurde, wer vom Panzer herunter eine Packung *Chewing Gum* oder einen Schokoriegel von einem kinderfreundlichen Soldaten geschenkt bekam oder wer das allererste Mal im Leben eine Flasche echte *Coca-Cola* trank, der wollte immer mehr von dem Land wissen, das angeblich jedermann unbegrenzte Möglichkeiten bot und in dem man es der Legende nach vom Tellerwäscher zum Millionär bringen konnte.

Zwar waren auch in den 200 Jahren vorher immer mal wieder einige Anglizismen in den deutschen Sprachschatz geschlüpft – die Worte *Keks* (von *cake*) oder *Pudding* etwa gab es bei uns schon seit dem 18. Jahrhundert. Nun aber wurde die junge Bundesrepublik von einer wahren Welle englischer Begrifflichkeiten und amerikanischer Moden überspült, die ihresgleichen suchte: Zunächst kam der *Boogie* in die Musikboxen, dann der *Glamour* ins Kino. Man trug nun, wollte man sich von der Kriegsgeneration abgrenzen, gerne *Jeans, T-Shirt* und *Pullover*, und unter dem *Pettycoat* hing statt der Buchse jetzt ein *Slip*.

Der Gesellschaftsabend daheim wurde selbst von den Honoratioren zur *Cocktailparty* deklariert, während sich die Söhne und Töchter in den neuen Milchbars trafen und dank des neuen Radiosenders RIAS Bill Haley rocken hörten oder zu Chubby Checkers Hits Twist tanzten. Die kleinen Einzelhandelsgeschäfte wandelten sich nach und nach zu SB-Supermärkten, die nach amerikanischem Vorbild gebaut und in denen immer mehr amerikanische Produkte wie *Cornflakes* oder *Ketchup* zu finden waren. Und dann kam ja auch noch Elvis Presley, gegen den jeder deutschsprachige Schlagersänger wirkte wie ein Höhlenmensch. Elvis brachte den *Rock 'n' Roll* eines Tages sogar physisch nach Deutschland, denn spätestens ab diesem magischen Moment im Jahr 1958, als der »King« seinen Wehrdienst in Friedberg absolvierte, war es dank des ultimativen Trendsetters aus Tennessee um die brave deutsche Jugend geschehen. Und damit auch um ihre Sprache: Jetzt drückte man sich endgültig nicht mehr gerne aus, wie es die Eltern taten! Man knutschte, flirtete und fummelte lieber, hottete ab oder gammelte einfach nur herum.

Parallel dazu eroberten amerikanische Reklame die BRD, amerikanische Einrichtungen und amerikanische Produkte. Es gab nun Autokinos, Hollywoodschaukeln, Popcorn und Tupperware. Da fiel es auch nicht weiter ins Gewicht, dass Elvis später tapfer *Muss I denn zum Städtele hinaus* intonierte – und auch nicht, dass Ted Herold, Peter Kraus oder Gus Backus seine Lieder auf Deutsch nachsangen. Nur das Original war cool. Obwohl man diesen Begriff damals noch nicht verwendete. Man sagte: *locker!* Aber auch das hörte sich für die ältere Generation fürchterlich ordinär an. Der *Spiegel* nannte die jungen Leute 1956 folgerichtig einen »Stamm von Wilden«. Doch noch war alles weitgehend friedlich.

In der DDR war der Einfluss des Englischen auf den Alltag aufgrund der moskautreuen Machthaber naturgemäß etwas geringer. Allerdings sind bis auf *Datscha, Samowar* oder vielleicht *Kosmonaut* eigentlich auch keine Russizismen bekannt, die in den dortigen Sprachalltag eingeflossen sind. Frei von Bewunderung für die USA war man nämlich auch zwischen Rügen und Gera nicht. Und das hatte durchaus nachhaltige Wirkung, wie man an der seltsamen Vorliebe vieler Ost-Eltern für zumindest englisch klingende Vornamen erkennen kann. Aber dazu kommen wir noch.

Selbstverständlich hat unsere Orientierung an Amerikas kultureller Entwicklung seit Anfang der Fünfzigerjahre nicht nur unsere Gesellschaft nachhaltig verändert – auf mancherlei positive Weise –, sondern sie hat leider auch den Weg bereitet für jene linguistischen Auswüchse, wie wir sie heute täglich benutzen, wenn wir von *After-Work-Partys, Facility-Managern* oder *Back-Shops* reden. Schuld daran sind wir aber einzig und allein selber und nicht die Amis! Denn dafür, dass beispielsweise die Bundesbahn einmal den bescheuerten Einfall haben würde, ihre Auskunft *Service Point* zu nennen – dafür konnte Elvis nun wirklich nichts.

Weil die Beat- generation nicht mehr reden wollte wie ihre Eltern

Wenn wir uns unsere Eltern heute so anschauen und vor allem an-hören, dann können wir so einiges kaum für möglich halten: dass sie einmal jung waren, wild und unangepasst. Doch unser Familienalbum belegt es: Mutter und Vater, Besitzer eines Symphoniker-Abonnements und gelegentliche Zuseher der Sendung *Willkommen bei Carmen Nebel*, gehörten tatsächlich zur Beatgeneration!

In den Sechzigerjahren emanzipierten sich viele Jugendliche endgül-tig von Aussehen und Auftreten ihrer in ihren Augen so spießigen und rückwärtsgewandten Erzeuger. Sie hatten nichts mehr am Hut mit dunklen Sonntagsanzügen und kleinbürgerlicher Schrebergarten-idylle. Waren die Fünfziger noch ein leises Herantasten an das, was an Provokationen möglich war, ging es nun richtig zur Sache: Die neuen *Teens* und *Twens* wollten nicht mehr rüberkommen wie der biedere Hans Pfeiffer mit drei »F« aus der *Feuerzangenbowle*, dessen wildester

Streich die Verkleidung als Klassenlehrer Schnauz war. Sie wollten leben, aussehen und reden wie echte Rebellen.

Unsere Eltern und ihre Freunde fuhren Motorrad und hingen in Jazzkellern oder Musikklubs ab. Sie rauchten, tranken amerikanische Branntweinerzeugnisse und trugen Lederjacken, Haartollen, enge Hosen (Papa) sowie kurze Röcke und keck ausgeschnittene Blusen (Mama). Für den Rest an Authentizität in Sachen Revoluzzertum sorgte die Sprache. Denn die hörte sich für die allermeisten damaligen Erwachsenen eher so an, als ob ihre Söhne und Töchter von einem anderen Planeten stammen würden. Unsere Eltern sprachen: *Halbstarkenchinesisch!*

Ihren Wortschatz holten sie sich aus Publikationen wie der einige Jahre zuvor neu gegründeten *Bravo*, die sich nach anfänglichem Zögern schnell zum Sprachrohr der Beatgeneration machte und in Aufmachung und Inhalt mehr und mehr das Gegenteil der braven Magazine jener Zeit wie *Constanze, Hören und Sehen* oder *Er – die Zeitschrift für den Herrn* bildete. Wer »in« sein wollte, stand auf die wütenden Gitarren und wütenden Gesänge der Rolling Stones, der Kinks oder von James Brown. Wer dagegen Cliff Richard und Freddy Quinn hörte, die in den Anfangstagen der *Bravo* noch deren Titelhelden waren, oder wer mit Nana Mouskouri ihren *Weißen Wolken* nachschaute, der konnte sich ganz sicher entweder zu den Weicheiern oder den Ewiggestrigen zählen.

Textzeilen wie »Hohe Tannen weisen die Sterne / An der Iser in schäumender Flut / Liegt die Heimat auch in weiter Ferne / Doch du, Rübezahl, hütest sie gut« aus dem 1961 kommerziell sehr erfolgreichen Gassenhauer des Hellberg Duos hörten sich für alle Unterdreißigjährigen nicht minder absonderlich an als das *Horst-Wessel-Lied*. Die Anhänger von Gus Backus oder Peter Alexander und die von Manfred Mann oder Sam the Sham standen sich in etwa so unversöhnlich gegenüber wie die Soldaten diesseits und jenseits des Checkpoint Charlie.

Durch den schrecklichen Aderlass des Krieges war die Jugend sowieso mächtig in der Überzahl: Die Bevölkerungsexplosion bis 1959 bescherte Deutschland in den Sechzigern eine Generation, die zahlenmäßig doppelt so stark war wie die ihrer Eltern. Auch dank der *Babyboomer* entwickelte sich das eigene Jugendvokabular besonders rasant. Eine normale Unterhaltung zwischen jungen Leuten musste sich für die Älteren, die teils noch zu wilhelminischen Zeiten aufgewachsen waren, plötzlich anhören wie eine Geheimabsprache unter Gefängnisinsassen. Lernte man beispielsweise ein Mädchen in einem Abendlokal kennen, dann *riss man im Tanzschuppen eine Biene auf* oder *bohrte* wahlweise *einen steilen Zahn an.* Für die Frauen dagegen waren die meisten Männer nur *öde Macker.* Entpuppte sich der Rosenkavalier also erwartungsgemäß als Reinfall und nicht als *Hammertyp*, handelte es sich ohne Zweifel um einen totalen *Heini.* An guten Tagen war alles *dufte*; wenn es schlechter lief, fühlte man sich *bescheuert.* Geld verdienen wollte man auch nicht mehr, höchstens *Kies absahnen.* Und das Mittagessen zu Hause *schmiss man sich nur schnell rein*, bevor man wieder *abdüste. Abseilen* hieß, sich zu verabschieden. Ein Auto mit viel PS-Leistung war eine *Donnerbüchse*, einen Kleinwagen nannte man *Leukoplastbomber.* Das damals übliche Dünnbier wurde zum *Laberwasser* erklärt, der Schaumwein zum *Diplomatensprudel.* Wenn man herzhaft lachen musste, *beölte* man sich. Und alles, was einem nicht angenehm war, nannte man schlicht und ergreifend *krank.* Was sich aus heutiger Sicht drollig anhört, war vor über 50 Jahren absolut neu und nie zuvor da gewesen: Zum ersten Mal gab es in Deutschland eine Jugendsprache als Massenphänomen! Bis dahin herrschte allenfalls unter Studenten ein anderer Tonfall als beim Rest der Bevölkerung.

Die irritierten Erwachsenen konnten mit dem schnellen Wandel nicht umgehen. Anders als heute, wo selbst untersetzte Mittsechziger offenbar keine Scheu mehr haben, im lachsfarbenen *LaMartina*-Polohemd und weißer *Hilfiger*-Hose knapp 40 Jahre jüngere Frauen in der Disco schräg anzuquatschen, um zu beweisen, wie jung geblieben man doch ist, zeigte man sich seinerzeit schockiert ob des Gebarens der Beatgeneration. Die selbstbewussten Jungen aber gewannen mit jedem neuen

Wort, das die Ollen nicht kapierten, ein Stück eigene Identität dazu. Es hatte eine Entwicklung begonnen, die sich nie wieder aufhalten lassen würde. Urplötzlich verstanden sich die Generationen nicht mehr – im wahrsten Sinne des Wortes!

Weil in den Kommunen zu viel gelabert wurde

Als vor einigen Jahren Rainer Langhans, immerhin eine der Ikonen der Achtundsechziger-Bewegung, im australischen Auffanglager für Konkurs gegangene Prominente Einzug hielt, hörten wir schadenfrohe Fernsehzuschauer nicht viel von ihm. Meistens saß er im TV-Dschungel nur apathisch herum oder machte Dehnübungen. Ein paar Jahrzehnte zuvor jedoch prägten Langhans und seine Kommunarden die Sprachriten eines ganzen Landes. Leider!

Ab Mitte der Sechzigerjahre schien die bedingungslose atlantische Ausrichtung Deutschlands mehr und mehr Kritik bei vielen jungen Menschen auszulösen. Vor allem an den Universitäten formierten sich immer häufiger Proteste gegen den weltweiten Imperialismus der USA und ihrer Verbündeten. Damit war in den Kreisen der Studentenbewegung alles Amerikanische nicht mehr annähernd so schick wie noch ein paar Jahre zuvor. Im Gegenteil: *Ami, go home* hieß es plötzlich! Hierbleiben durfte demnach nur das massenhaft und bei jeder sich bietenden Gelegenheit verwendete Wort *Peace* oder der malerische Begriff *Flower Power* für alles, was irgendwie mit dem Weltfrieden zu tun hatte. In unseren Kommunikationsbräuchen hinterließen die »68er« tiefe Spuren.

Der radikale gesellschaftliche Wandel fing damit an, dass die Studenten keine Lust mehr darauf hatten, sich in einer Vorlesung den Lehrstoff einfach vortragen zu lassen. Man wollte auf einmal über das Gehörte debattieren, selbst wenn eigentlich objektiv unstrittig war, was der Professor zu sagen hatte. Die Sprache und das Sprechen wurden zum zentralen Gegenstand der Kritik. Und die Diskussion war das probate Ritual, das alle bisher da gewesenen Kommunikationsformen überlagerte. Man mochte in den Kirchen über den Vietnamkrieg diskutieren und in den Hörsälen über allgemeine und hochschulpolitische Themen. Man diskutierte gern auch daheim in den Wohngemeinschaften oder sogar vor Gericht.

Man kann sagen, dass in jenen Jahren so viel gelabert wurde wie noch nie zuvor in diesem Land. Doch obwohl diese dämlichen Diskussionsrunden schon mal mehrere Tage dauern konnten, obwohl landauf, landab organisierte Wortschlachten eingeführt wurden, auf denen jeder ganz und gar unreflektiert seinen Senf zu allem und zu jedem Thema geben durfte, kam selten etwas Konkretes oder gar Erhellendes dabei heraus.

Dazu kam, dass die tatsächlich aktiven Protagonisten dieser Bewegung, objektiv betrachtet, eigentlich nur wenige waren. Aber sie gaben sich in ihrer ganzen Pseudointellektualität derart auffällig, dass die große Mehrheit der Bevölkerung den Eindruck haben musste, alle Jugendlichen seien vollbärtige Kulturrevolutionäre. Nach außen hin gab man gerne vor, kaum etwas anderes als Adornos *Studien zum autoritären Charakter* zu lesen. Allerdings diente das Werk eher als repräsentativer Regalschmuck denn als wirkliche Lektüre.

Schlüsselbegriffe der Zeit waren symbolisch aufgeladene Wörter wie *Transformationsprozess, Umgestaltung* oder *Herrschaftsverhältnisse.* Das klang zwar nach Klartext, war es aber ganz und gar nicht! Denn die

Teach-, Sit-, Smoke- und sonstigen *ins* bestachen vorwiegend durch endloses Palavern in komplizierten Schachtelsätzen, in deren Mitte die Zuhörer weder wussten, was der Redner am Anfang gesagt hatte, noch, zu welchem Ende er irgendwann einmal kommen wollte. Man spickte seine Thesen mit Fach- und Fremdwörtern aus Psychologie, Soziologie, Marxismus oder Kommunismus. Das alles war freilich mehr Schein als Sein. Doch die Folgen waren schnell sicht- und hörbar. Denn so unordentlich wie Kleidung und Haarschnitt der militanten Studenten war, so unordentlich wurde denn auch rasch ihre Sprache.

Zur verquasten Theorie kam hinzu, dass sich die verbalen Kampfansagen prima mit der einen oder anderen gezielten Provokation untermauern ließen: Politische Gegner und Autoritäten wurden niedergebrüllt oder gnadenlos ausgepfiffen. Eine wirkliche und vor allem konstruktive Debatte, wie die immer noch von Nazikadern und unterdrückten Faschisten durchsetzte Gesellschaft sie zu diesem Zeitpunkt gebraucht hätte, fand gleichwohl nicht statt.

Die private Lebensform, die sich die vollbärtigen Berufsschwätzer auferlegten, sollte dagegen die Inszenierung vollenden: Man wohnte nämlich gerne wie eben Langhans in sogenannten Kommunen, in denen alle Konventionen, die selbst die aufbegehrende Beatgeneration noch akzeptiert hatte, über Bord geworfen wurden. *Otto Normalverbraucher* und *Deutscher Michel* sollten gerne glauben, dass bei Fritz Teufel und Co. das Rudelbumsen neben dem Meditieren, dem Kiffen und natürlich dem Diskutieren die Hauptbeschäftigung des Tages sein würde. Heute wissen wir: alles Kokolores! Die Hippies und Haschischhedonisten waren genauso spießig und patriarchalisch wie alle anderen auch. Sie redeten nur anders.

Die Gesellschaftsformen jener befremdlichen Ära mögen sich in den darauffolgenden Jahrzehnten wieder überholt haben. Das sprachliche Erbe der Achtundsechziger aber blieb zumindest teilweise erhalten. Dazu gehört auch, dass von ihnen gerne hochstilisierte Themen wie die Auseinandersetzung mit den Obrigkeiten oder der Krieg in Vietnam einer objektiven Auseinandersetzung entzogen wurden. Wer den Argumenten nicht zustimmte, wurde in eine moralische Ecke geschoben. Untermauert wurde diese Intoleranz der vermeintlichen Berufstoleranten durch den Kampfruf *Macht kaputt, was euch kaputt macht!* Auf der Strecke geblieben ist dagegen ein Stück weit der Respekt voreinander. Dass wir unsere Briefe heute vorwiegend mit der Floskel *Mit lieben Grüßen* unterschreiben, ist noch die harmloseste Variante davon. Vorher hieß es zumeist *Hochachtungsvoll.* Doch mit Achtung kam man bei und seit den Achtundsechzigern nicht mehr allzu weit.

Weil wir uns Goethe von der falschen Seite her näherten

Es hat lange gedauert, bis er uns das erste Mal begegnet ist. Mangels schulischen Ansporns lasen wir zu Hause nur das, was wir mussten – und guckten ansonsten Fernsehen. Die wenigen Verfilmungen seiner Werke jedoch waren dröge Theaterstücke im Schwarz-Weiß, und die liefen entweder am Nachmittag oder auf Kanälen, die bei uns nicht eingespeichert waren. Wenn wir in einem Anflug von Neugier im Unterricht zaghaft nachfragten, wann er denn drankäme, wurde uns beschieden, dass es dafür noch etwas zu früh sei. Dabei wäre es doch so wichtig gewesen, Johann Wolfgang von Goethe so bald wie möglich zu verstehen. Sonst verstand man doch gar nichts!

Endlich, in der elften Klasse, trat Goethe dann auf unseren Lehrplan, in Gestalt seines Dramas *Iphigenie auf Tauris.* Doch leider, liebe Kultusminister, war die verantwortungsbewusste Iphigenie irgendwie nicht die Richtige, um unseren Enthusiasmus zu wecken. Natürlich, wir hatten vieles aus dem Stück schon mal gehört – die Sache mit Tantalus und seinem Betrug an den Göttern, die Schlacht von Troja oder der klassische Konflikt zwischen Pflicht und Gefühl, den die Hauptfigur zu bewältigen hatte. Aber ansonsten war das Stück, mit Verlaub, total altmodischer Kram, der noch dazu in fünfhebigen Jamben geschrieben war. In Jamben! Dabei wäre es ein Leichtes gewesen, auch pubertierende Pennäler für Goethe zu begeistern. Man hätte nur anders beginnen müssen. Ganz am Anfang zum Beispiel: Da die Familie Goethe in Frankfurt schon seit vielen Jahrzehnten zur Oberschicht zählte, kam der kleine Johann schon früh in Kontakt mit literarischen Werken aller Art. So ist überliefert, dass er bereits als Kind eine (für weniger wohlhabende Menschen praktisch unbezahlbare) Bibel besaß und diese auch gewissenhaft las. Das war doch schon mal beeindruckend.

Dass er dies überhaupt konnte, verdankte er im Übrigen der Pionierleistung des Eislebener Theologieprofessors Martin Luther, der schon 228 Jahre vor Goethes Geburt der Meinung war, es dürfe nicht sein, dass ein so bedeutsames Werk den vielen Christen nur in Althebräisch, Aramäisch oder Altgriechisch zur Verfügung stand. Schließlich waren die Menschen, die 1521 Althebräisch, Aramäisch oder Altgriechisch konnten, in unseren Breitengraden rar gesät. Diejenigen, die dieser Sprachen indes mächtig waren, konnten den Gläubigen beinahe alles erzählen, was sie natürlich auch taten. Mit den Märchen der Kirchengelehrten war es dann jedoch dank Luthers vorbildlicher Arbeit vorbei.

Wie auch immer: Trotz seiner schönen ins Neuhochdeutsche übersetzten Kinderbibel und der rund 2000 anderen Bücher, die sein belesener Vater in den Regalen stehen hatte, wurde auch der junge Goethe erst mal ziemlich frankophil. Schuld daran war hauptsächlich ein französischer Offizier, der zwei Jahre lang gewissermaßen zur Untermiete bei den Goethes wohnte – und dem zehnjährigen, bemerkenswert klugen Erstgeborenen der Familie jede Menge Stoff aus seiner Heimat in die Hand drückte. Folglich waren auch Johann Wolfgangs anfängliche Ergüsse ein paar Jahre später eher schwülstige Rokokoverse auf: Französisch.

Das vom Papa aufgenötigte Jurastudium im wesentlich weltoffeneren Leipzig veränderte Goethe junior merklich. Er wechselte seinen Kleidungsstil, ging aus, verliebte sich – und schrieb seine Gedanken an die vorübergehende Angebetete Anna Schönkopf (und andere Damen) fortan auf Deutsch auf; wahrscheinlich, damit die Frauen verstanden, was der flotte Jüngling von ihnen wollte. Im Alter von 18 Jahren hatte der Nachwuchsdichter schon einen ganzen Lyrikband fertiggestellt: *Annette* hieß die Sammlung, die allerdings erst viele Jahre nach Goethes Tod gefunden wurde. Dutzende Gedichte, verfasst aus Liebe – und das in dem Alter: Das hätte uns bestimmt ebenso fasziniert.

Nach einer schweren Erkrankung und der notwendigen langen Regenerationsphase schloss Johann Goethe bald sein Studium ab, fand am drögen Anwaltsberuf aber keinen rechten Gefallen. Also schrieb er weiter: Sein *Götz von Berlichingen* und vor allem die in gerade einmal vier Wochen verfassten *Leiden des jungen Werthers* wären wohl monatelang auf Platz 1 jeder Bestsellerliste geblieben, hätte es diese Listen schon gegeben. Jedenfalls landete der Nachwuchsautor damit einen echten Kassenknüller. Und je bekannter Goethe wurde, umso mehr prägte er mit seiner Sprache das gesamte Deutsch. Wenn das kein Stoff für eine elfte Klasse wäre.

Viele junge Zeitgenossen eiferten vor lauter Verehrung der Romanfigur Werther – wenn man so will, einem Justin Bieber des 18. Jahrhunderts – nicht nur in Sprache und Aussehen nach. Sie brachten sich auch genauso leidenschaftlich um wie Goethes tragischer Held. Doch der Erfolg wurde für den neuen Stern am Schriftstellerhimmel schnell zum Fluch. Denn leider musste er sich in den folgenden Jahren bei jedem seiner neuen Werke am Maßstab des *Werthers* messen lassen, was ihn mehr und mehr irritierte – und die strengen Kritiker erzürnte: *Faust* oder *Wilhelm Meister* wurden öffentlich regelrecht zerrissen, weil kaum einer sie verstand oder besser: verstehen wollte. Der beleidigte und mehr und mehr von seiner Arbeit ermüdete Dichter begann, sauer auf die Deutschen zu werden. Das war immer noch großes Kino!

Zum Glück lernte Goethe just zu dieser Zeit in Weimar – wo er zunächst als Minister am Hofe wirkte und nach einer veritablen Sinnkrise und der später berühmt gewordenen Italienreise aber wieder zur Kunst zurückfand – einen gewissen Friedrich Schiller kennen. Der zehn Jahre jüngere Marbacher hatte mit *Die Räuber* und *Kabale und Liebe* ebenfalls schon ziemliche Verkaufsschlager abgeliefert, weshalb ihn Goethe zunächst nicht leiden konnte. Es war, als träfe ein alternder Boxer auf einen Jugendweltmeister.

So endete denn auch eine erste persönliche Begegnung zwischen den zwei Erfolgsautoren katastrophal. Einige Zeit später jedoch erkannten beide am Rande eines Vortrags in der Nachbarstadt Jena, wo Schiller eine Professur hatte und seine Vorlesungen stets vor vollen Hörsälen hielt, wie sehr sich ihre Gedanken eigentlich ähnelten. Sie entschlossen sich auszuprobieren, ob man sich geistig womöglich gegenseitig befruchten konnte. Die Weimarer Klassik war geboren.

In der Folgezeit bildete das Städtchen am Rande des Thüringer Beckens das Zentrum des europäischen Kulturbetriebs. Immer mehr Künstler zogen dorthin, um sich von der mental anspruchsvollen Atmosphäre anstecken zu lassen. Zwar ließen die Hauptprotagonisten Goethe und Schiller sowie gleichgesinnte Kollegen wie Johann Friedrich Herder oder Christoph Martin Wieland in ihrer Euphorie schon mal die unteren Gesellschaftsschichten aus den Augen – zu abgestoßen war man von den blutigen Verwerfungen der Französischen Revolution einige Zeit zuvor. Stattdessen wollte man lieber den Menschen zu Bildung und Vernunft erziehen.

Niveaumäßig gesehen, gehörten diese Jahre aber nicht zuletzt deshalb unstrittig zum Besten, was jemals in deutscher Sprache auf Papier erschienen ist. Immerhin strebte man nach nicht weniger als der Vollkommenheit, auch in der Ausdrucksweise. Das Ergebnis klang im Vergleich zum verwirrenden Kauderwelsch der Epochen vorher richtig gut. Wenn etwa Schiller seinen Wilhelm Tell fabulieren ließ: »Das schwere Herz wird nicht durch Worte leicht«, verdrückten die Besucher

im Theater schon mal ein Freudentränchen. Friedrich Schiller schaffte
es, den Menschen anhand seiner Werke sehr subtil humanistische Ideale unterzujubeln.

Durch diese Entwicklung angespornt, besannen sich auch viele andere
Dichter und Denker in den folgenden Jahren zurück auf die Vielfäl-
tigkeit ihrer Muttersprache. Auch wenn unser hessischer Lieblings-
Geheimrat noch mahnend bemerkte, »Französisch sei recht die
Sprache der Welt«, verschwanden viele einstmals so angesagte französische Wörter bald wieder aus dem allgemeinen Sprachschatz.
Selbst die Endung -ieren, die einst dazu erfunden wurde, französische
Begriffe einzudeutschen, wie etwa bei *parlieren* (sprechen), *eskalieren*
(steigern) oder *arrangieren* (zusammenstellen), wurde nun allenfalls
für neue deutschstämmige Wörter benutzt – zum Beispiel *schattieren*
oder *verlustieren*. Und so beruhigte sich die linguistische Lage erst
einmal wieder.

Leider musste sich der arme Friedrich Schiller schon als Knabe mit einer nicht besonders ausgeprägten Gesundheit herumplagen. Bereits an
der Militärakademie in Stuttgart verbrachte er historischen Aufzeichnungen zufolge mehr Zeit in der Krankenstation als auf dem Schieß-
platz. Möglicherweise steckte er sich später im Medizinstudium zu
allem Überfluss bei der Obduktion eines Mitschülers auch noch mit
Tuberkulose an. Jedenfalls hatte er im Vergleich zu seinem den welt-
lichen Genüssen deutlich stärker zugeneigten Freund Goethe so viele
verschiedene Gebrechen, dass es aus heutiger Sicht verwundern mag,
wie der Mann überhaupt 44 Jahre alt werden konnte. Als Schiller am 9.
Mai 1805 schließlich starb, war so ziemlich alles in ihm kaputt, was in
einem menschlichen Körper kaputtgehen konnte: Lunge, Milz, Herz,
Leber und Nieren hatten erhebliche Schäden. Was für eine Tragödie!

Johann Wolfgang von Goethe hatte natürlich mitbekommen, dass es
seinem Bruder im Geiste immer schlechter ging, und auch Herder befand sich zu diesem Zeitpunkt schon eineinhalb Meter unter der Erde.
Doch Schillers Tod in der Blüte seiner Jahre riss den Altmeister erneut

in eine tiefe Krise. Als er sich etliche Jahre später einigermaßen davon erholt hatte, schrieb er anders als zuvor. Er wandte sich wieder der französischen Literatur zu und verschlang sogar altpersische Verse. Auch das ist aus heutiger Sicht natürlich herausragendes Gut. Die weitaus stilprägendere Weimarer Klassik jedoch hatte viel zu früh ein jähes Ende gefunden.

Das alles aber streiften wir nur am Rande. Dabei steckte in dieser Geschichte doch alles, was das Leben ausmachte – Liebe und Enttäuschungen, Neid und Freundschaft, Erfolg und Schmerz. Stattdessen: *Iphigenie auf Tauris* und danach jede Menge andere Literaten. Wie aber hätten wir uns für Kleist oder Hebbel erwärmen sollen, wenn uns das Tolle an Goethe vorenthalten wurde? So konnte das nichts werden!

Weil Disney mehr Bumm! war als Dürrenmatt

Leider hat also die Schule bei den meisten von uns keine nachhaltige Begeisterung für deutschsprachige Literatur wecken können. Und so suchten wir uns eben einen anderen, leicht verdaulichen Lesestoff, dem wir uns abends vor dem Zubettgehen widmen konnten. Oder am Morgen in der Straßenbahn. Oder nachmittags auf dem Sofa. Zum Leidwesen unserer Lehrer verschlangen wir weder Ringelnatz noch Eichendorff und schon gar nicht Dürrenmatt. Wir lasen stattdessen: Comics aller Art. Vor allem *Asterix, Lucky Luke, Tim und Struppi, Clever & Smart* – und natürlich Walt Disneys *Lustige Taschenbücher*. Und die waren intellektuell aus Sicht unserer Pauker in etwa so weit von unserem Deutschlehrplan entfernt wie der Goldvorrat in Dagobert Ducks Geldspeicher vom Eigenheim der Panzerknacker.

Dabei wären die Bildergeschichten an sich prädestiniert gewesen für eine angemessene Behandlung im Unterricht. Immerhin reichte schon ihre Geschichte zwei Jahrhunderte zurück: Bereits Anfang des 19. Jahrhunderts erschienen kurze illustrierte Texte in englischen Zeitungen.

Und hierzulande darf niemand Geringerer als Wilhelm Busch als Pionier der damals neuartigen Erzählform gelten: *Max und Moritz* oder *Die fromme Helene* waren vom zeichnenden Dichter konzeptionell von vornherein als Kombination von Versen und Bildern angelegt.

Wenn etwa der altkluge Lehrer Lämpel reimte: »Also lautet ein Beschluss / dass der Mensch was lernen muss. / Nicht allein das ABC / bringt den Menschen in die Höh'. / Nicht allein im Schreiben, Lesen / übt sich ein vernünftig Wesen. / Nicht allein in Rechnungssachen / soll der Mensch sich Mühe machen. / Sondern auch der Weisheit Lehren / muss man mit Vergnügen hören«, bevor ihm kurz darauf angesichts des vierten Streiches der frechen Buben die Pfeife bildgewaltig im Mund explodierte, war das nichts anderes als große Kunst!

Doch Comics hatten es lange Zeit nicht leicht im öffentlichen Ansehen: Trotz Buschs satirischer Pionierarbeit schrieb der *Spiegel* einst, diese Art der Unterhaltung sei »Opium in der Kinderstube«, und Bundeskanzler Konrad Adenauer erwog allen Ernstes, solche »Schundliteratur« wegen ihres fatalen Einflusses auf die Jugend zu verbieten. Und dabei meinten *Spiegel* und Adenauer nicht etwa brutale oder anzügliche Manga-Hefte, die es seinerzeit in Deutschland noch gar nicht gab. Sondern kluge bis allenfalls harmlose Unterhaltung wie *Spirou und Fantasio* oder Rolf Kaukas *Fix und Foxi*, das 1953 zum ersten Mal erschien und die deutschen Jugendlichen sicherlich ebenso wenig zu subversivem Unsinn anstachelte wie Rudi Schuricke mit seinen *Capri-Fischern*. Kein Wunder, dass auch noch Dekaden später Max und Moritz ebenso wenig oder höchstens widerwillig den Weg in unsere Klassenzimmer fanden wie ihre legitimen Erben. Neidisch blickten wir, die wir uns – den schon beschriebenen Spätfolgen Friedrichs sei Dank – mit Französisch als Fremdsprache herumplagten, wie die Schüler der Lateinklasse wenigstens gelegentlich auf hochoffizielle Anordnung hin einen Asterix-Band zur Hand nehmen durften, um einzelne Vokabeln anschaulicher einzuüben.

Wir aber tauschten die knochentrockenen Publikationen des Klett-Schulbuchverlages, die wir eigentlich gewissenhaft hätten durchexerzieren sollen, noch auf dem Nachhauseweg gegen die Produkte der kommerzielleren Konkurrenz von *Ehapa* – und erweiterten Wortschatz und Wissen eben autodidaktisch anhand der kurzweiligen Geschichten aus Gallien oder Entenhausen. Die vielen bunten Abenteuer unserer liebsten Zeichenfiguren lehnten sich nicht selten sogar an historischen Vorlagen an.

Der einsame Cowboy *Lucky Luke* etwa, dem wir entgegen allen physikalischen Gesetze abnahmen, dass er wirklich schneller schießen konnte als sein Schatten, traf während seiner Streifzüge durch den Westen unter anderem Mark Twain und Abraham Lincoln. Er half beim Bau des Eisenbahnnetzes und wirkte beim Aufbau des Telegrafensystems mit. Asterix und Obelix erklärten uns beiläufig die Entstehung der Pyramiden, erfanden den Tee oder zitierten genüsslich Hamlet, während sie einen Zenturio im Schwitzkasten hatten. Und Tim und Struppi gewährten uns auf ihren Abenteuerreisen rund um den Globus spannende Einblicke von Afrika, Russland oder gar Tibet. Logisch, dass wir als Kinder irgendwann denken mussten, Micky Maus sei wirklich der Titelheld in Jules Vernes *Kurier des Zaren* gewesen – und Onkel Dagobert die Hauptfigur in Charles Dickens' *Weihnachtsgeschichte*. Und hatte nicht Daniel Düsentrieb vor 500 Jahren Amerika entdeckt?

Unsere Umgangssprache dagegen schrumpfte – oder schlumpfte – auf das Comicniveau. Natürlich musste man sich bei allen Vorzügen der pointierten Bildergeschichten auch eingestehen, dass der Wortschatz eines *Clever-und-Smart*-Heftes nicht mit der *Trilogie des Wiedersehens* mithalten konnte. Dazu schlichen sich bei uns nach und nach die typischen Begriffe ein – wie *Ächz* oder *Schluchz*, nachdem diese vor allem von Übersetzerin Erika Fuchs für die deutschen Versionen der Disney-Comics erfunden worden waren. Die Reaktion unserer Eltern, als wir zum ersten Mal mittels des entsetzten Ausrufes *Würg!* auf die vorgesetzte Portion Rosenkohl reagierten, werden wir nie vergessen. Sosehr es unserem Allgemeinwissen half, dass sich auch Frau Fuchs gelegentlich bei großen Klassikern wie Schiller bediente und den einen oder anderen Erpel schon mal ein paar Sätze aus der *Glocke* aufsagen ließ, so sehr freuten wir uns, wenn wir selbst *Schnief!*, *Stöhn!* oder *Schluck!* verwenden konnten.

Darüber hinaus enthielt die Comicsprache jede Menge sogenannter Onomatopöien, was wir natürlich nicht wussten, wohl aber stark verinnerlichten. Was klingt wie ein starkes Medikament gegen anhaltende Heiserkeit, bedeutet vereinfacht, dass Handlungen, die nicht im Dialog erläutert wurden, ja auch irgendwie beschrieben werden mussten, damit wir Leser uns die Szene so anschaulich wie möglich vorstellen konnten. Wenn nun also der pathologische Pechvogel Donald mit seinem Auto frontal gegen einen Hydranten fuhr, blieb Erika Fuchs und ihren Kollegen gar nichts anderes übrig, als *Krach*, *Bumm*, *Knacks* oder *Rrrrumms* dazuzuschreiben – oder am besten gleich alles zusammen.

Natürlich gab es diese Onomatopöien auch in jedem anderen Comic: Knapp 2000 Begriffe wie *Gröhl*, *Bla*, *Doing*, *Klick*, *Knatter* oder *Zack* sind Sprachforschern bekannt. Ob es sich bei Richard Wagner ebenfalls um dieses besondere Stilmittel handelte, als er seine Rheintöchter *Wallala Weiala Weia!* ausrufen ließ, ist unter Experten übrigens umstritten.

In die Werbung hat es die Onomatopöie auf jeden Fall geschafft – spätestens, als der Spinat mit dem »Blubb« auf den Teller kam.

Je mehr Comics wir unter der Bettdecke lasen, desto mehr dachten und sprachen wir auch so – schließlich hat weiland schon Wilhelm Busch vergnügt *Ritzeratze* geschrieben, um das typische Geräusch jenes Werkzeuges zu beschreiben, mit dessen Hilfe seine beiden Lausbuben Max und Moritz eine Lücke in die Brücke sägten. Vielleicht hätte es unserem sich entwickelnden Sprachempfinden weitergeholfen, wenn uns jemand ebenso anschaulich erklärt hätte, wie man sich als junger Mensch würdevoll artikulierte. So aber fanden wir den entsprechenden Unterricht eher *Gähn!*

Den letzten Rest jugendlicher Eloquenz haben wir uns dann einige Zeit später mit *Werner* abgewöhnt, der ab Mitte der Achtzigerjahre zum gezeichneten Helden einer ganzen Generation wurde. Obwohl im Süden Deutschlands aufgewachsen, war plötzlich für uns alles nur noch *assich*, *feddich* oder *lustich*. Besser war das! Aber nicht gerade der Grundstein für eine spätere Karriere als Literaturnobelpreisträger. *Seufz!*

Weil wir alles
abkürzen wollten

Am Anfang war ein Wort – ein ganz kurzes Wort zwar, das aber zum wahrscheinlich bekanntesten Wort der Welt werden sollte. Und das, obwohl dessen Herkunft bis heute nicht vollständig geklärt ist: *Okay* heißt es, wahlweise *o. k.* und wird wahrscheinlich überall von Ulan Bator bis nach Buenos Aires verstanden. *O. k.* gilt als Mutter aller Abkürzungen. Und ist somit verantwortlich für all die anderen Verknappungen, die sich ab Mitte des letzten Jahrhunderts in unseren Sprachgebrauch eingeschlichen haben. Wir jedenfalls hörten *o. k.* schon als Kinder ständig. Es war das kurze und knappe Zeichen, dass alles in Ordnung war. Dass uns das erlaubt wurde, worum wir gebeten hatten. Hörten wir *o. k.*, war alles gut. Und irgendwann verwendeten wir es natürlich auch selbst. Manche *O. K.*-Forscher behaupten, die beiden Buchstaben stammten von der ursprünglichen altenglischen Schreibweise »oll korrect«. Andere sind sich sicher, dass es sich um den gängigen Armeecode »Order known«, also »Befehl erhalten«, handelte. Einige schrieben das Kürzel dem früheren US-Präsidenten Martin van Buren zu, der mit Spitznamen nach seinem Herkunftsort »Old Kinderhook« hieß und mit dessen Anfangsbuchstaben gerufen worden sein soll. Es könnte sich aber auch um eine abgewandelte Version des indianischen Wortes »Okeh« handeln, das der Stamm der Choctaw verwendete.

Wie auch immer: Als sich *o. k.* irgendwann zwischen dem Ersten und dem Zweiten Weltkrieg im deutschen Sprachgebrauch breitmachte, war anfangs wirklich noch alles *okay*, zumindest was die Verwendung abgekürzter Wörter betraf. Wir schrieben so, wie wir auch sprachen – insofern war in unseren Briefen, Zeitungen oder Formularen noch kein Platz für Abbreviaturen aller Art.

O. k. jedoch veränderte alles, denn nach und nach tauchten in seinem Sog immer mehr Kürzel in unserem Schriftverkehr auf. Das Bindewort *und* wurde zum Zeichen *&*. Voraussichtlich hieß *vorauss.* Die Redewendung »und so weiter« schrieb man vorher zwar auch nicht aus, man schrieb sie eher gar nicht. Aber um zu verdeutlichen, dass man eine Reihung beliebig fortsetzen könnte, tippte man eben *usw.* Abkürzungen wie *i.A., evtl., i.d.R., i.V.m., s.o.* oder *s.u.* eroberten private und berufliche Korrespondenzen, und je mehr wir in unseren Dokumenten abkürzten, desto mehr verkümmerte unsere Bereitschaft, die Dinge ausführlich zu erklären.

In den Sechziger- und Siebzigerjahren setzte eine regelrechte Mode zur Verknappung von Worten ein: *v. Allg.* hangelte man sich über das *Bes.* bis zum *P.S.*! Geboren war man auf einmal auch nicht mehr, nur noch *geb.*, dafür *männl. od. weibl., verh.* bzw. *gesch.*! Wenn man so will, war schon damals der Nährboden bereitet für SMS und E-Mail, in denen Jahrzehnte später Kurzformen aller Art die normale Kommunikation beinahe vollends ersetzen sollten (was wir an späterer Stelle noch ausführlicher betrachten wollen). Manche Abkürzungen ersparten ihren Anwendern gerade mal einen Buchstaben, so bei der auch heute noch in vielen Supermärkten gängigen Schreibweise *Stck.* Bei *Kto.* für Konto und *Pkt.* für *Punkt* dürfte die Effizienz ähnlich ernüchternd sein. Aber das nur als *Anm.*!

Der Hang zur Kurzform schien bei uns Deutschen ohnehin deutlich ausgeprägter zu sein als in anderen Ländern: Viele Unternehmen verschleierten ihren wahren Namen durch eine Buchstabenkombination: Die Badischen Anilin- und Sodafabriken nannten sich *BASF*, die Allgemeine Elektrizitäts-Gesellschaft wurde umgehend zu *AEG*. Der Bonner Süßwarenfabrikant Hans Riegel gründete *HARIBO*, die Konkurrenz brachte ihre Haselnusstafel als *Hanuta* unter die Leute. Die Albrecht-Brüder veränderten mit ihrem Discountladen *ALDI* unsere Einkaufsgewohnheiten, Adi Dassler schaffte mit *ADIDAS* den Aufstieg zum Weltkonzern. Wir tanken bei *ARAL,* wohl ohne zu wissen, dass die Kraftstoffbestandteile Aromaten und Aliphaten der Firma den Namen gaben. Und wir haben vielleicht einmal gehört, dass *EDUSCHO* von Gründer Eduard Schopf abgeleitet wird, aber wahrscheinlich nicht, dass es sich bei *TCHIBO* um die Tchilling-Bohne handelte.

Derart konditioniert, ist es kein Wunder, dass in unseren Unterhaltungen *ARD* und *ZDF, CDU* und *SPD, GEMA* und *GEZ, AUDI* und *BMW* überall auftauchen, wo von *KFZ* und *PKW* die Rede ist. Unsere Zeitungen heißen *FAZ* und *TAZ*, und sie schreiben von *ALG, HVB* und *OECD*. Was mit *o. k.* begonnen hat, mündet heute in einen *SUV* mit *ABS* und *ESP*. Das mag man natürlich für harmlos halten, und tatsächlich ist es relativ unwahrscheinlich, dass wir allen Ernstes von Hans Klenk sprechen würden, wenn wir das von ihm erfundene *HAKLE*-Klopapier verwenden. Aber auch dieser Hang zum Abkürzen ist ein Mosaiksteinchen auf dem Weg zur Verstümmelung unserer Sprache. Und ganz nebenbei: Höflich ist es auch nicht gerade, dem Geschäftspartner ein *u.A.w.g., MfG* unter die Korrespondenz zu knallen. Das aber nur als *kl. Bsp.*!

Weil wir verlernten, Briefe zu schreiben

Natürlich hätten wir unseren Schwarm auch anrufen können. Das Postkutschenzeitalter lag schließlich schon rund 150 Jahre hinter uns, und in unserem Haushalt befanden sich sogar zwei Telefone. Aber wir trauten uns nicht. Also schrieben wir einen Brief, der unserer Meinung nach sehr romantisch war und der alle notwendigen Informationen enthielt, die das Mädchen unseres Herzens wissen musste. Natürlich haben wir ihn niemals abgeschickt. Aber das Verfassen solch kleiner Botschaften machte Spaß, und irgendwann fanden wir eine Freude daran, unsere Gefühle tatsächlich in einer derartigen Form zu artikulieren. Noch heute besitzen unsere Eltern eine Kiste, in der sie sämtliche schriftlichen Liebesbekundungen aus fünf Jahren innigster Verliebtheit und 40 anschließenden Jahren solider Ehe aufbewahren.

Mit diesem Vorhaben standen sie und wir in einer langen Tradition. Denn ein Brief, bis zur Erfindung der elektrischen Telegrafie Mitte des 19. Jahrhunderts ohnehin das wichtigste Kommunikationsmittel der Welt, konnte nicht nur unter gewissen Umständen über Krieg und Frieden entscheiden. Er war auch bis ins Mittelalter hinein für viele Chronisten und Geschichtsschreiber eine wirkungsvolle Möglichkeit, ausgesuchten Multiplikatoren innerhalb der Bevölkerung wichtige Nachrichten über aktuelle Geschehnisse zukommen zu lassen. Und natürlich ist auch und vor allem unsere Literatur- und Kulturgeschichte reich an Briefwechseln berühmter Zeitgenossen.

Legendär etwa ist, um nur ein besonders charmantes Beispiel zu nennen, die vorwiegend auf feinem Büttenpapier ausgelebte Affäre zwischen Erich Maria Remarque und Marlene Dietrich. So schrieb sich der einsame Schriftsteller diesseits des Atlantiks sehnsüchtig eine wahre Eloge an die gemeinhin recht kühle Diva von der Seele, während die Schauspielerin gerade in den Vereinigten Staaten weilte:»Ich liebe Dich, Süßes, und Du fehlst mir schrecklich, ich mühe mich, nicht daran zu denken, an die Dunkelheit, an diesen Augenblick, wenn ich zu Dir kam und das Licht war aus, und aus dem Dunkel flogst Du in meinen Arm und das Zimmer zerfiel und die Nacht zerfiel und die Welt zerfiel und Deine Lippen waren das Weichste in der Welt und Deine Knie kamen und Deine Schultern und Deine zärtliche Stimme – komm wieder, komm wieder – Bebende ach, endlos Geliebte.« Das war zwar ziemlich dick aufgetragen vom liebestollen Remarque, aber irgendwie auch schön! Man stelle sich nur vor, wie die Dietrich im Morgenmantel und mit pochendem Herzen auf die nächste Sendung aus Frankreich wartete und dem Postboten aufgeregt entgegenlief.

Ingeborg Bachmann schrieb sich mit Komponist Hans Werner Henze, Thomas Bernhard mit seinem Verleger Siegfried Unseld, Hannah Arendt mit Heinrich Blücher, Sophie Scholl mit Fritz Hartnagel. All diese Schriftstücke, so schwülstig, streitbar, scharfzüngig, verzweifelt oder romantisch sie auch sein mochten, waren auch eine Reflexion der gesellschaftlichen und politischen Verhältnisse der jeweiligen Zeit. Natürlich hätten die meisten Autoren auch das persönliche Gespräch suchen, zum Hörer greifen oder sich treffen können. Aber dann wären wunderbare Dialoge und zerstobene Hoffnungen der Nachwelt niemals erhalten geblieben.

Auch wir haben im Keller einen Karton voller Briefe, die uns im Laufe der Jahre von für uns wichtigen Personen erreichten und die auch für uns ein Spiegelbild dessen sind, was zur jeweiligen Zeit für uns wichtig war. Manche Dokumente wurden dagegen ein Raub der Flammen, aber diese Methode der Erinnerungsauslöschung half in dunklen Momenten wenigstens über den gröbsten Liebeskummer hinweg.

Irgendwann war uns und den meisten anderen Menschen auch diese Art der Kommunikation dann jedoch viel zu aufwendig und zu altmodisch. In Schule oder Beruf hatte der Brief seine Bedeutung ohnehin verloren: Wir schrieben – wenn überhaupt – nur noch mit Computern, die seelenlose Schriftstücke produzierten, für deren Ausbesserung man kein *Tipp-Ex* brauchte. Die einzigen persönlichen Briefe, die wir noch bekamen, enthielten einen Geldschein und Geburtstagsgrüße von unserer Oma.

Die Deutsche Bundespost versuchte, dem alarmierenden und für sie den Umsatz deutlich schmälernden Trend noch entgegenzusteuern: »Schreib mal wieder« hieß die verzweifelte Kampagne, die Anfang der Achtzigerjahre verhindern sollte, dass wir auf die handschriftliche Form der Kommunikation verzichteten. Doch es half nichts. 30 Jahre und einige Portoerhöhungen später ist der private Brief aus unseren Kommunikationsgebräuchen nahezu verschwunden. Niemand wartet mehr sehnsüchtig auf den Briefträger, weil wir alle wesentlichen und vor allem unwesentlichen Informationen schon per Mail oder SMS erhalten haben.

Die Beziehung zwischen Erich Maria Remarque und Marlene Dietrich dauerte nur drei Jahre, und beide sind lange tot. Ihre Liebe allerdings hielten sie für alle Ewigkeit fest in über 300 Depeschen, die bedingungslose Hingabe ebenso zum Inhalt haben wie schlimme seelische Qualen. Auch Tagebücher führte das Paar, so wie Thomas Mann, Franz Kafka, Victor Klemperer. Sie alle schrieben ausführlich nieder, was noch viele Jahre später von großem Interesse sein würde. Etwas Vergleichbares gibt es heute nicht mehr – wie auch sollten wir unsere Gefühle, Ängste, Hoffnungen in ein paar am PC getippten Buchstaben ausdrücken?

»Dein Kopf liegt an meiner Schulter, ich sehe Deine Haare im Licht zittern, ich streichle deine Hand. Ich möchte immer das eine: Du sollst immer da sein«: Wenn wir etwas Ähnliches, wie es einst Kurt Tucholsky an seine geliebte Mary Gerold verfasste, als elektronische Nachricht übermitteln würden, würde allenfalls der Spamordner der Empfängerin reagieren. Doch alles Klagen hilft nichts: Nur noch fünf Prozent aller Jugendlichen, das ergab eine Studie des Bundesverbands der Informationswirtschaft, nutzen einen Brief als Kommunikationsmittel. Das Ding ist tot. Dass das aber sehr schade ist – darauf kann man getrost Brief und Siegel geben!

Weil Politiker plötzlich um den heißen Brei herumredeten

Ehrlich gesagt: Wir kannten es nicht anders. Einer der Nachteile unserer Generation war, dass wir von Anfang an mit Politikern aufwachsen mussten, die selten das sagten, was sie dachten – dafür aber die Kunst beherrschten, mit vielen Worten möglichst wenig auszudrücken. Und wenn sie dann doch ausnahmsweise konkret wurden, wie Norbert Blüm es mit seinem legendären Satz »Die Rente ist sicher« tat, dann stellte sich einige Zeit später meistens heraus, dass das Gesagte glatt gelogen war. Aufrichtige und unmissverständliche Parlamentarier wie Gustav Heinemann, Herbert Wehner, Jakob Kaiser oder Rainer Barzel waren uns leider nur noch vom Hörensagen bekannt – wenn überhaupt.

Warum genau es passierte, dass die politische Kaste vor ein paar Jahrzehnten beschloss, sich verbal künftig nicht mehr festlegen zu wollen und ihre Ansprache an uns, also das Volk, so belanglos und abwaschbar wie möglich zu halten, lässt sich nicht mehr exakt feststellen. Wahrscheinlich ist die verzweifelte mediale Jagd nach der nächsten schnellen Schlagzeile in Zeiten des Internets einer der Hauptgründe dafür, jedes einzelne Wort für gewöhnlich so lange auf die Goldwaage zu legen, bis selbst ein noch so investigativer Journalist daraus keine wie auch immer geartete Festlegung mehr basteln kann. Das gilt zumindest, wenn man etwas zu sagen hat.

Heute gibt es praktisch kaum noch einen Politiker oberhalb des Rangs eines Kreistagsabgeordneten, dessen Einlassung nicht das Wesentliche auslässt – das, worum es eigentlich geht nämlich. Dagegen wäre es zum Beispiel einem Willy Brandt niemals eingefallen, ständig weichgespülte Formulierungen zu gebrauchen, die auch nur einen leisen Zweifel daran ließen, was er eigentlich meinte. »Wir sind keine Erwählten, wir sind Gewählte. Deshalb suchen wir das Gespräch mit allen, die sich um diese Demokratie bemühen«, gab Brandt denn auch in einer seiner Regierungserklärungen als Maßstab aus. Recht hatte er!

Früher gab es, wenn ein Politiker ein Interview oder eine Rede beendet hatte, danach in der Regel keine offenen Fragen mehr. Wenn etwa Wirtschaftsminister Ludwig Erhard betonte, dass »ein Staat seinen Bürgern nicht mehr geben kann, als er ihnen vorher abgenommen hat«, war klar, dass die sozialen Wohltaten, welche die Opposition wieder einmal forderte, ohne Steuererhöhungen nicht bezahlbar waren. »Von jedem, der sich um das Amt des Kanzlers bewirbt, ist zu verlangen, dass er dem Volk die bittere Wahrheit sagt«, war auch die folgerichtige Losung von Helmut Schmidt.

So ließen denn auch die Debatten im Deutschen Bundestag bis in die Siebzigerjahre hinein nichts an Deutlichkeit zu wünschen übrig. Da konnte es schon einmal vorkommen, dass der damalige SPD-Fraktionsvorsitzende Herbert Wehner den jungen CDU-Abgeordneten Heiner Möller ob seiner Hygienegewohnheiten rügte: »Waschen Sie sich erst mal. Sie sehen so ungewaschen aus«, rief der Sozialdemokrat dem verdutzten Christdemokraten zu, als der zum Rednerpult marschierte. Insgesamt 77 Rügen kassierte der streitbare Wehner während seiner dreieinhalb Jahrzehnte im Parlament, unter anderem für die Zwischenrufe »Ehrabschneider«, »Flegel«, »Komödiant«, »Brunnenvergifter«, »Reaktionär«, »Heuchler«, »Pimpf«, »Lümmel« oder »Weihnachtsmann«. Das war zwar nicht immer unbedingt eine qualifizierte Meinung, aber doch immerhin unterhaltsam.

Auch Franz Josef Strauß geizte nicht mit Eindeutigkeiten, wenn es darum ging, seinen Unmut kundzutun. »Irren ist menschlich, aber immer irren ist sozialdemokratisch«, eiferte sich der CSU-Vorsitzende über den politischen Gegner, und den späteren Außenminister Hans-Dietrich Genscher nannte er »eine armenische Mischung aus marokkanischem Teppichhändler, türkischem Rosinenhändler, griechischem Schiffsmakler und jüdischem Geldverleiher«. Auch die eigenen Reihen bekamen gerne einen mit vom mächtigen Bayern: Helmut Kohl etwa wurde von Strauß stets »Filzpantoffelpolitiker« gerufen. Wahrscheinlich ahnte FJS da schon, dass die Zeit der klaren Worte bald zu Ende gehen würde.

Ebendieser unser Kohl war es schließlich, mit dessen Wahl zum Bundeskanzler sich die politische Sprache für immer verändern sollte. Der Pfälzer, der die Politik während unserer gesamten Kindheit prägte, drückte sich gerne um allzu klare Festlegungen und erfand praktisch eine eigene Sprache, die mehr verschleierte, als sie offenbarte. Wenn Kohl davon redete, etwas *in aller Offenheit* anzusprechen, konnte man davon ausgehen, dass nun nichts mehr Neues zu erwarten war. Ähnliches galt, wenn er etwas *nachdrücklich* oder *entschlossen* zum Ausdruck brachte – das sollte eindeutig klingen, war aber lediglich ein Platzhalter für Inhaltsleere.

Helmut Kohls seltsamer Redestil war aber nur der Anfang vom Ende der Ehrlichkeit: Vor allem die nachfolgenden Politikergenerationen erstarrten förmlich in der Angst, sich auf vorher getroffene Aussagen festnageln zu lassen. Spätestens nachdem dem Kanzler der Einheit seine in Aussicht gestellten *blühenden Landschaften* in wirklich jedem Lokalzeitungsbericht über die wirtschaftlichen Probleme Ostdeutschlands um die Ohren flogen, war es endgültig vorbei mit klaren Formulierungen. Fortan bekamen wir in Talkshows vorwiegend zu hören, dass es ein »weiter so nicht geben« würde, dass »man gemeinsam nach vorne blicken« wolle oder dass man anstrebe, »zeitnahe Lösungen zu finden«.

Dass aber eine *Arbeitsgruppe einzurichten* nichts anderes bedeutete als vollkommene Planlosigkeit und dass eine *tragfähige Lösung* allenfalls ein fauler Kompromiss war, traute sich keiner mehr zu kritisieren. Und wenn Angela Merkel ihre Lieblingsfloskel »Mit mir wird es das nicht geben« jedes Mal ernst gemeint hätte, hätte sie wohl eher in Nordkorea Karriere gemacht als in der bundesdeutschen Politik. Erschwerend hinzu kamen endlose Schachtelsätze und unverständliche Kunstwörter wie *Deckungslücke* oder *Nullsummenspiel*. *Fruchtbare Debatten* aber, *Kontinuität und Verlässlichkeit* oder *Stabilität und Wachstum* werden uns nur dann versprochen, wenn danach ganz sicher nichts mehr folgt, was unsere Vorstellungskraft anregen könnte.

Je mehr Talkshows das deutsche Fernsehen eroberten, desto mehr wurde geredet – und desto weniger gesagt. Die Feigheit vor dem Freimut obsiegte! Wie sehr uns der langweilige und nichtssagende Politikersprech inzwischen auf die Nerven geht, belegen zahlreiche Studien, die beweisen, dass die virtuelle Verständigung von Merkel, Gabriel und Kollegen einer der Hauptgründe für sinkende Wahlbeteiligungen und mangelhafte Akzeptanz der Volksvertreter ist.

Die Sprache unserer Volksvertreter ist derart vollgestopft mit entseeltem Lingualmüll, dass sich die sprachlichen Nebelkerzen auch in immer mehr anderen Bereichen unseres Lebens wiederfinden – in Zeitungsartikeln, Formularen oder Broschüren. Doch anstatt dagegen aufzubegehren, geben wir den Protagonisten sogar noch ein Dutzend Foren, in dem sich die immer gleichen Personen über die immer gleichen Themen auf die immer gleiche Weise austauschen dürfen. Es ist wirklich absurd: Je weniger die Politiker in Deutschland zu sagen hatten, desto mehr durften sie im Fernsehen darüber reden!

Wir aber, die wir doch ein Stück weit das Volk darstellen, sprechen entweder irgendwann genauso dämlich, wenn wir mit den Worten »Ich werde die volle Verantwortung für den Abfall übernehmen« den Müll hinausbringen. Oder auch noch der letzte verbliebene Stammwähler hat sich eines Tages von der Politik abgewandt. Und das, meine lieben Freunde, sagen wir an dieser Stelle ganz offen!

Weil Statements auf einmal gesprayt wurden

Das erste Graffiti unseres Lebens, das wir bewusst wahrnahmen, prangte eines schönen Sommermorgens an der Garage des Nachbarn unserer Eltern: »*WAA NAA!*« stand da in verhältnismäßig großen und verhältnismäßig roten Buchstaben an der weißen Außenseite. Was ein Graffiti war, darüber wussten wir natürlich ebenso wenig wie um die Bedeutung der Buchstabenkombination (da waren sie wieder, die Abkürzungen). Aber den lautstarken Flüchen des verärgerten Immobilienbesitzers entnahmen wir, dass es sich um irgendeine unerlaubte Form der Wandmalerei handeln musste.

Von jenem Tag an fiel uns auf, dass immer mehr Hauswände, Briefkästen, Bauzäune und sonstige große Flächen mit mehr oder minder kryptischen Begriffen und Losungen verziert waren. Irgendwie faszinierte uns das Ganze, obschon auch wir begriffen, dass es nicht in Ordnung war, dergestalt das Eigentum anderer Leute zu verzieren. Zunächst fanden sich vor allem an Schulgebäuden oder Arbeitsämtern Sprüche wie »Lieber krank feiern als gesund schuften«, »Der Klügere gibt so lange nach, bis er der Dumme ist«, »Petting statt Pershing«, »Eine gute Stellung ist besser als jeder Job« oder »Ich denke, also bin ich hier falsch«.

Diese vorwiegend aus den doch schon recht abgedroschenen Spontiparolen der Siebzigerjahre bestehenden Graffitivarianten, die außerhalb des Straftatbestandes der Sachbeschädigung wenigstens noch eine gewisse philosophische Tiefe hatten, wichen jedoch alsbald anderen, eher aggressiveren Formen. Im Klartext: Die Graffitis wurden deutlich blöder und sowohl optisch als auch inhaltlich anspruchsloser. Neben der bereits erwähnten Unmutsbekundung gegen die in Bayern höchst umstrittene Wiederaufbereitungsanlage in Wackersdorf lasen wir immer öfter »Stoppt Strauß«, »Kohl halt's Maul« oder »Fuck the Rich«.

Eigentlich stammten die aufgesprühten Botschaften, deren Name sich vom italienischen Wort *graffito* (»Schraffierung«) ableitet, aus den Vereinigten Staaten der Dreißigerjahre. Dort tauchten vor allem in den Armenvierteln immer wieder Schriftzüge auf, mit denen rivalisierende Banden ihr Revier markieren wollten. Klar, es gab eine viele Jahrtausende zurückreichende Kulturgeschichte des Graffiti, und schon im alten Ägypten ließen sich die Pharaonen die Wände ihrer Grabkammern mit Zeichnungen verschönern. Aber ganz ehrlich – wer sich darauf beruft, wenn er mit einer Lackdose »Scheiß Bullenschweine« an ein Mehrfamilienhaus schmiert, der hat von Kultur ohnehin keine Ahnung.

Manchmal waren es auch nur Fantasienamen und Pseudonyme, mit denen sich die Urheber auf Wasserspeichern, S-Bahnen oder Bahnbrücken verewigen und damit ihre Unangepasstheit beweisen wollten: *Bomb Jack* etwa, *Demon* oder *Miracle,* um nur drei Beispiele aus unserer Stadt zu nennen. Meistens aber handelte es sich vorwiegend um vulgäre Beschimpfungen, die nun überall im Land prangten und ein sprachliches Sinnbild des Stiles jener Zeit abgaben – lange bevor Graffiti mit immer aufwendigeren, wenn auch nicht weniger illegalen Wandmalereien salonfähig wurden. Die Ausdrucksweise, mittels derer die Sprayer die Gesellschaft provozieren wollten, war derb. »Nazis raus« stand an der Wand auf der einen Straßenseite, »Ausländer raus« auf der Wand gegenüber.

Währenddessen entwickelte sich in der Szene eine ganz eigene Sprache, der ein linguistischer Abstecher in die Tiefen amerikanischer Gettos vorausging: Sich selber nannten die Protagonisten *Writer*, und jeder von ihnen beanspruchte einen eigenen *Style*. Wer auf offener Straße einen *Tag*, also einen simplen Schriftzug, sprühte, erstellte meistens nur ein *Streetbombing*, ein aufwendigeres und vor allem größeres Gemälde war dann schon ein *Piece* oder gar ein *Masterpiece*. Störte die Ordnungsmacht bei der Arbeit und hatte der *Watcher* versagt, blieb meistens noch genug Zeit, auf der Flucht eine *Hateline* mit der *Zotti* zu ziehen.

Ganze Lexika erklärten uns Außenstehenden – wenn wir es denn wissen wollten – den eigenartigen Dialekt der Sprayer, denen es außer um den ultimativen *Kick* auch um ein bisschen *Fame* ging. Angesichts Hunderttausender aktiver und ehemaliger Sprühdosenmichelangelos war es kaum verwunderlich, dass viele dieser Begriffe nach und nach auch in den allgemeinen Sprachgebrauch Einzug hielten. So stammt etwa das Wort *dissen* aus der Graffitiszene, ebenso die Bezeichnung *Crew* oder der Ausdruck *Checker*. Ob wir uns nun über diese Bereicherung unseres Vokabulars freuen sollen, wissen wir nicht recht. Klar ist aber, dass dadurch erstmals im großen Stil Begriffe aus dem amerikanischen Englisch ins Deutsche importiert wurden. Doch das Graffiti sollte erst der Anfang der Anglizismen sein!

Weil alles nur noch geil war

Man schrieb Montag, den 17. März 1986. Der *Spiegel* befasste sich in seiner aktuellen Titelgeschichte mit den medizinischen Risiken eines künstlichen Herzens, der Computerpionier Heinz Nixdorf starb unter tragischen Umständen mit 60 Jahren ausgerechnet auf der Computermesse CeBIT – und zum ersten Mal überhaupt stieg ein neu veröffentlichtes Lied direkt auf dem ersten Platz der deutschen Hitparade ein!

»On Friday, the 13th of December«, klang es zu Beginn der Platte geheimnisvoll, »Bruce and Bongo discovered Germany's most successful word.« Dann folgte eine kurze Pause – bevor der Sprecher feierlich jenes Wort nannte, das in der Folge tatsächlich zum wahrscheinlich erfolgreichsten deutschen Wort aller Zeiten werden sollte: »Geil!«

Im dazugehörigen Musikvideo saß derweil eine Gruppe Steinzeitmenschen um ein Feuer herum, schaute dem 18-jährigen Boris Becker auf einem Fernseher (!) beim Tennisspielen zu und freute sich darüber hinaus diebisch über den lustigen Begriff, der ihnen gar so leicht über die Lippen ging: »Ich bin geil, du bist geil, wir sind geil«, lautete der leicht zu merkende Refrain der Komposition, die 15 unglaubliche Wochen lang an der Spitze der Hitlisten stand, obwohl die musikalische Originalität allenfalls der einer Fahrradklingel entsprach. Ganz wertneutral lässt sich jedoch sagen, dass dieses Lied die deutsche Sprache nachhaltig veränderte. Denn nicht nur der Discjockey, Boris oder ich und du – wie im Text besungen – waren plötzlich *geil*. Alles, wirklich alles, was wir auch nur halbwegs passabel fanden, wurde in der Folgezeit mit diesem Begriff geadelt.

Dabei handelte es sich bei »Bruce und Bongo« nicht etwa um findige Sprachenthusiasten. Die Engländer waren vielmehr ehemalige Soldaten, die für die British Army in Deutschland stationiert waren. Währenddessen lernten sie auch mehr und mehr Fragmente unserer Sprache und wunderten sich, dass ihnen dabei das Wort *geil* immer wieder begegnete – und das auch noch in unterschiedlichen Bedeutungsweisen. Ein schmackhaftes Mittagessen konnte ihrer Beobachtung nach ebenso *geil* sein wie ein neues Automodell oder gar die eigene Großmutter. Außerdem hörten die beiden es häufig beim Durchstreifen des Nachtlebens im britischen Sektor Berlins zwischen Charlottenburg und Tiergarten, dann aber meist im Zusammenhang mit einer gewissen sexuellen Komponente.

Just aus diesem Grund tat ihnen wenige Wochen nach der Veröffentlichung der Bayerische Rundfunk – seinerzeit noch der gestrenge Sittenwächter eines ganzen Landes – einen großen Gefallen und setzte das Lied wegen »übermäßiger Anstößigkeit« kurzerhand auf den Index. Die Zensur der zweifelsohne ungeilen Spießer aus München wiederum befeuerte nicht nur den kommerziellen Erfolg des Titels außerhalb des Freistaates. Sondern führte auch und erst recht zu einer immer inflationäreren Verwendung des verbotenen Wortes praktisch aller Jugendlichen zwischen Berchtesgaden und Westerland.

Dabei handelte es sich bei *geil* keineswegs um einen Modebegriff, sondern um ein belangloses Wörtchen aus dem Althochdeutschen, das in etwa erst »übermütig« und später »fröhlich« bedeutete. Auch der von uns so hoch geschätzte Friedrich Schiller verwendete es 1783 in seinem zweiten, nach den *Räubern* nicht ganz so bekannten Trauerspiel *Die*

Verschwörung des Fiesco zu Genua, in dem er eine der Figuren sagen ließ: »Mein Genie geilte frühzeitig über jedes Gehege« – und damit »überwuchern« meinte. Die eher schlüpfrige Auslegung kam dann etwas später hinzu.

Durch millionenfach verkaufte Bruce-und-Bongo-Schallplatten, zwei Neufassungen und natürlich die rücksichtsvolle Intervention des BR trat *geil* einen ungeahnten Siegeszug durch halb Europa an: Selbst in Großbritannien (statt *awesome* oder *sexy*) oder Italien (statt *fico* oder *arapato*) wurde es alsbald von jungen Menschen für alles Mögliche verwendet. In unserer Sprache ersetzte es als Synonym gleich einige Dutzend anderer Wörter: *Schön, bemerkenswert, erregt, erstaunlich, scharf, elegant, lüstern, genial, schick, übermütig, prima* und viele Vokabeln mehr fanden keine Verwendung mehr, weil alles nur noch *geil, affengeil* oder sogar *oberaffengeil* war. Man konnte sich vor lauter Geilheit nicht mehr retten.

Nachdem es in den Neunzigerjahren gerade etwas stiller um das allzu omnipräsente Wort geworden war, belebte der Elektronikfachmarkt *Saturn* mit seiner jahrelangen Werbekampagne »Geiz ist geil« die alten geilen Geister wieder. Und kurz bevor auch diese Reklame endlich wieder in Vergessenheit geraten durfte, kam Edeka mit dem vor allem im Internet verbreiteten Lied *Supergeil* um die Ecke und verhalf dem nicht kaputt zu kriegenden verbalen Dauerbrenner mit der diesbezüglichen Klassifizierung nahezu aller im Sortiment vertretenen Produkte eine weitere Halbwertszeitverlängerung. Wir dürfen also gespannt sein, was wir als Nächstes *geil* finden müssen. Aber eigentlich wollen wir es gar nicht wissen …

Weil ein Holländer Deutschlands erster Showmaster war

Als der Radiosprecher Willi Justus August, genannt Peter Frankenfeld, im Januar 1954 um Punkt 20 Uhr seine erste Fernsehausstrahlung mit den Worten »Guten Abend, meine Damen und Herren« begann, war er für die Zuschauer im Studio und an den Bildschirmen nichts anderes als ein Gastgeber. Die Sendung hieß *1:0 für Sie* und war eine echte Innovation, denn erstmals mussten Kandidaten aus dem Publikum vor laufenden Kameras originelle Aufgaben lösen und konnten bei Erfolg ordentliche Preise abstauben.

Knapp sieben Jahre später betrat ein hagerer Holländer die Bühne. Er träumte schon seit einem jugendlichen Besuch im Pariser Revuetheater »Lido« vom Scheinwerferlicht, und nach diversen Stationen im Rundfunk bekam er vom staatlichen Sender *VARA* ein TV-Format angeboten. Das Konzept guckte sich Rudolf Wijbrand Kesselaar dabei ganz von den etablierten amerikanischen Kollegen ab. Also sang er selbst diverse Lieder, plauderte mit seinen Gästen und spielte kleinere komödiantische Szenen. Und er nannte sich der Einfachheit halber: Rudi Carrell. Die derart auf eine Person zugeschnittene Sendung nannte er treffend wie selbstbewusst *Rudi Carrell Show* – und wurde damit in den kleinen Niederlanden binnen kurzer Zeit so erfolgreich, dass sich Radio Bremen entschloss, Show und Moderator kurzerhand abzuwerben. Und so kam gleichzeitig mit Carrell Mitte der Sechzigerjahre ein Wort nach Deutschland, das einem eigenwilligen Mischmasch aus Deutsch und Englisch den Weg bereiten sollte: der *Showmaster*.

Als solcher bezeichnete sich Rudi Carrell selber, obwohl es den Begriff in der englischen Sprache überhaupt nicht gab. Den zweiten Teil seines modern anmutenden Kunstausdruckes entlieh sich der findige Perfektionist aus Alkmaar einer Bezeichnung, die sich seine Kollegen aus dem US-TV gaben – die nannten sich seit jeher großspurig »Zeremonienmeister«. Fortan war jeder, der in Deutschland eine Fernsehsendung moderierte, irgendein »Master«: Es gab neben dem *Showmaster*, bald auch noch den *Quizmaster* und später, nach der Einführung der Talkshow, den *Talkmaster*.

Keinen dieser Titel jedoch hätte ein Engländer, Australier oder Amerikaner verstanden – und auch nicht, dass ständig ein *Werbespot* die *Show* unterbrach: Diese Form der Reklame heißt bei ihnen schließlich schlicht *commercial*. Aber vielleicht trat nach der Werbung bisweilen noch ein *Shooting Star* auf, dann durften sich zumindest die Amis auf die Betrachtung einer Sternschnuppe freuen.

Seit Carrells Eingebung ist unsere Sprache voller Wortschöpfungen, die englisch klingen, es aber gar nicht sind: Ein *Oldtimer* etwa wird im Vereinigten Königreich allenfalls ein nicht mehr ganz rüstiger Senior genannt, ganz sicher aber kein altes Automobil. Unser guter, alter *Flipper*, an dem wir als Kinder so gerne gespielt haben, heißt eigentlich *pinball*. *Fitnessstudios* zur Leibesertüchtigung gibt es ebenfalls weder in Großbritannien noch in den USA, sondern nur das *gym*. Fußballspieler sind beileibe keine *Kicker*, sondern *player*. Unser *Mixer* zur Erleichterung der Küchenarbeit ist in Wirklichkeit nichts weiter als ein *blender*. Und wer in London oder Los Angeles in einen *Beauty-Salon* gehen möchte, der sucht sich am besten ein *Spa*. Wenn unser Gesprächspartner in New York *Smoking* sagt, möchte er wahrscheinlich nur eine Zigarette rauchen, aber dabei eher keinen dunklen Anzug tragen – nicht einmal dann, wenn es sich bei ihm um ein *male model* handeln sollte, wie die richtige Bezeichnung für unseren ganz und gar deutschen *Dressman* lautet. Und die Pärchen, die sich für einen *Partnerlook* entscheiden, sollten sich in englischsprachigen Ländern lieber ein *matching outfit* zusammenstellen.

Der technische Fortschritt gab dem gleichsam unerklärlichen und unsinnigen Phänomen dann einen weiteren Auftrieb: Ein *Beamer* ist eigentlich ein Fachbegriff für einen bestimmten Pass im Cricketsport und nur hierzulande ein Projektor. Und wir sagen beharrlich seit über 20 Jahren *Handy,* wenn wir das Mobiltelefon meinen, und wundern uns, warum uns an ausländischen Flughäfen immer ein Sicherheitsmitarbeiter nach einem *cellphone* fragt.

Den Gipfel der sogenannten Scheinanglizismen aber bildet ein Wort, das spätestens seit der Fußballweltmeisterschaft 2006 einen unglaublichen Siegeszug angetreten hat und es ein Jahr später sogar in den Duden schaffte, obwohl es rein gar nichts mit der tatsächlichen Beschäftigung zu tun hat, der wir auf derartigen Veranstaltungen nachgehen: *Public Viewing* bedeutete auf Englisch entweder »Tag der offenen Tür« oder – etwas weniger einladend – »Aufbahrung«. Wie es zu diesem ultimativen sprachlichen Unsinn kam, lässt sich nicht mehr einwandfrei rekonstruieren: Sowohl der Weltverband FIFA als auch die Inhaber der Übertragungsrechte einigten sich ein Jahr vor dem Großereignis, lediglich eine kostenfreie »öffentliche Ausstrahlung« zu erlauben. Aber irgendjemand fand diesen Namen wahrscheinlich nicht originell genug und hatte gerade kein *dictionary* zur Hand.

Dennoch kann der gute Rudi Carrell zumindest diesbezüglich einen späten, posthumen Triumph verzeichnen. Denn während die allermeisten *hosts* immer noch mit den Achseln zucken durften, würden sie als *Showmaster* angesprochen werden, hat sich das *Public Viewing* inzwischen als einzige dieser kruden sprachlichen Mischungen auch mancherorts in englischsprachigen Ländern etabliert. Vielleicht ist das ja sogar ein Grund zum Anstoßen. Allerdings sollten wir uns das entsprechende Getränk besser nicht bei einem *Barkeeper* bestellen. Denn der heißt dort, wo wir glauben, dass er herkommt, tatsächlich immer noch *bartender*.

Weil Berta's Snack's zwei Apostrophe zu viel hatte

Zugegeben: Die deutsche Grammatik ist ein weites Feld. Schon allein der entsprechende Eintrag in »Wikipedia«, normalerweise das Speicherplatz gewordene Nachschlagewerk der Oberflächlichen, liest sich wie eine Anleitung für einen Kernreaktor: »Deutsch ist eine Artikelsprache«, heißt es da: »Deutsch hat Präpositionen und Adjektive, die vor dem Nomen stehen, zu dem sie gehören. Es gibt vier Kasus und zwei Numeri. Deutsch hat ein Genussystem, jedes Substantiv hat ein Genus. Am Genus des Substantivs orientieren sich das Genus eines Adjektivs oder eines Artikels, die zu der Substantivgruppe gehören.« Wer angesichts dessen – und das ist nur die Einleitung – behauptet, auf Anhieb durchzublicken, ist entweder Germanistikprofessor. Oder ein Angeber.

Doch so verwirrend sich das auch anhören mag: Überdurchschnittlich kompliziert ist Deutsch gar nicht – zumindest nicht im Vergleich zu den 6500 bekannten Sprachen, die derzeit auf der Erde noch existieren! Das Amerikanische Foreign Service Institute hat einmal ausgerechnet, dass man – um anständig Deutsch sprechen zu können – ungefähr 750 Unterrichtseinheiten benötigt, wenn man vorher gar nichts kann. In Zeit umgerechnet bedeutet das, dass sich ein Fremder mit keinerlei Deutschkenntnissen nach knapp einem halben Jahr intensiven Lernens bereits gut mit uns verständigen können dürfte. Schneller lassen sich demnach allenfalls Afrikaans, Dänisch, Französisch, Holländisch, Italienisch, Norwegisch, Portugiesisch, Rumänisch, Spanisch und Schwedisch lernen. Für Griechisch oder Tschechisch sind dagegen über 1000 Stunden Studium notwendig. Und wer das Pech hat, sich beispielsweise Finnisch, Thai oder Ungarisch aneignen zu müssen, der kann getrost das Doppelte für seine Fortbildung einplanen. Wir hätten es also deutlich schlimmer erwischen können!

Folglich gibt es, objektiv gesehen, keinen Grund zum Jammern über die Schwierigkeiten unserer Sprache – schon gar nicht für uns Muttersprachler. Das Problem liegt vielmehr darin, dass die meisten Menschen schon allein beim Begriff »Grammatik« in den intellektuellen Energiesparmodus wechseln und die Regeln unserer Sprachlehre weitgehend ignorieren, so einfach und logisch sie auch sein mögen. Besonders übel hat es in diesem Zusammenhang das Auslassungszeichen erwischt, das uns einen guten Teil unserer sprachlichen Genese überhaupt nicht aufgefallen war.

Zum ersten Mal bewusst begegnet sind wir dem Apostroph erst, als Berta Meier in unser Leben trat. Die nette, etwas übergewichtige Dame war die Ehefrau unseres Vorstadtmetzgers. Sie hatte die vielversprechende Geschäftsidee, genau an jener Stelle eine kleine Imbissbude zu eröffnen, an der sich die Schulwege zu den drei verschiedenen Lehranstalten in unserem Viertel kreuzten. Fortan standen täglich dutzendweise Grund- und Berufsschüler sowie Gymnasiasten zwischen 11 und 14 Uhr an einem kleinen Wohnwagen an – und warteten geduldig darauf, dass Frau Meier ihnen eine Portion Pommes, eine Currywurst oder eine Frikadelle durch das Ausgabefenster reichte.

Der effektiveren Werbewirkung wegen hatte Herr Meier seiner Frau ein weißes Schild gebastelt, das auf dem Dach des Wohnwagens befestigt war und auf dem in blauen Klebebuchstaben stand:

BERTA'S SNACK'S

Wir blickten erstaunt auf die beiden Haken, die sich jeweils vor dem S befanden und die überdies noch in einer anderen Farbe als die Buchstaben gehalten waren. Niemals zuvor hatten wir uns Gedanken über den Sinn und Unsinn eines solch unauffälligen Satzzeichens gemacht. Warum auch: Es war uns schlichtweg unbekannt. Aber das Schild löste in uns eine gewisse Neugier aus, weil die beiden Wörter so komisch wirkten. Also nahmen wir unseren knallgelben und weitgehend unberührten Duden zur Hand, den wir auf Geheiß unserer Deutschlehrerin besitzen mussten, und lasen nach, was er zu unserem Lieblingsimbiss zu sagen hatte. Seine Meinung war eigentlich unmissverständlich: »Der Apostroph steht zur Kennzeichnung des Genitiv (Wesfalls) von Namen, die auf s, ss, ß, tz, z, x, ce enden und keinen Artikel bei sich haben«, stand in Regel 16 zu lesen. Wir überlegten kurz und stellten fest, dass der Name »Berta« weder auf s, ss, ß, tz, z, x oder ce endete, sondern nachweislich auf a. Herr und Frau Meier wollten darüber hinaus offenkundig verdeutlichen, dass sie nicht nur einen einzigen Snack verkauften, sondern eine ganze Fülle von frittierten Spezialitäten im Angebot hatten. Hierzu konnten wir im Duden lesen: »Normalerweise wird vor einem Genitiv-s kein Apostroph gesetzt. Das gilt auch für Genitiv-s und Plural-s bei Initialwörtern und Abkürzungen.«

Das kapierten wir nicht! Wir hätten sicherlich verstanden, wenn die Meiers einen Apostroph vergessen hätten, wenn also Frau Meier zum Beispiel Agnes statt Berta geheißen hätte und auf dem Schild

AGNES SNACKS

gestanden hätte. Aber wie man darauf kommen konnte, zweimal ein Zeichen zu setzen, wo es von höchst offizieller Stelle aus gar keines brauchte, erschien uns unlogisch: Eine Regel zu befolgen, die es in Wirklichkeit nicht gab, ergab keinen Sinn. Etwas Derartiges war uns in der Schule noch nie passiert – es lief immer nur umgekehrt: Wir machten die bestehenden Regeln verkehrt!

Von da an bekamen wir das blöde Thema nicht mehr aus dem Kopf. Überall, wo wir nun hingingen, bemerkten wir die sich verbreitende Apostrophitis im Land. Wir lasen:

BAHNHOF'S-APOTHEKE und
VERSICHERUNG'S BERATUNG,
HAUS DES SPORT'S und
FRÜHSTÜCK'S-BUFFET.

Anscheinend wirkte der kleine Oberstrich geradezu magisch auf Leute, die sich mit irgendeiner Geschäftsidee selbstständig machten. Besonders schlimm wurde ihm auf Speisekarten mitgespielt, auf denen aus heiterem Himmel ganz normale Wörter mit einem Hochkomma versehen wurden:

EINE PORTION NUDEL'N kam uns dabei genauso unter wie
HAUSGEMACHTE'S RIND'SGULASCH.

Inzwischen gibt es Hunderte Webseiten, die sich um die richtige Platzierung des Apostrophs verdient machen. Woher die konsequente Folter unseres armen Auslassungszeichens kommt, darüber gibt es aber immer noch keine gesicherten Erkenntnisse. Möglicherweise trägt der Duden sogar eine gewisse Mitschuld, weil er bis zum Jahre 1901 die fehlerhafte Verwendung des Apostrophs billigte. Doch weder Frau Meier noch all die anderen unkundigen Zeichensetzer können sich glaubhaft darauf berufen, ihre Rechtschreibung nach den Regeln des ausgehenden 19. Jahrhunderts gelernt zu haben, als etwa *Beck's Braue-rei* oder *Kaiser's Kaffee* gegründet wurde.

Wahrscheinlich liegt eine wesentliche Ursache auch für diesen Fehler im angloamerikanischen Sprachgebrauch, in dem die Verwendung des Apostrophs bei Genitiv-Bezeichnungen zumeist obligatorisch ist – weshalb wir auch zwingend zu *McDonald's* gehen, wenn es denn sein muss. Bei uns jedoch schreibt man Goethes Faust, wenn man Schiller's Glocke meint.

Natürlich ist der Apostrophmissbrauch nicht das größte Problem, das unsere Sprache mit ihren ignoranten Nutzern hat. Aber er ist ein Bei-spiel dafür, wie herzlich gleichgültig vielen von uns doch die Regeln sind, um die sich einst die »Fruchtbringer« verdient machten. Und selbst wenn uns unsere Grammatik bisweilen auf die Nerven geht, gibt es – frei nach Adorno – verflixt noch mal kein Richtige's im Fal-schen! Nicht auf einem Werbeschild für einen Imbiss und auch nicht anderswo.

Weil wir ein Volk wurden

Während sich in der Bundesrepublik erst die Rock 'n' Roller, dann die Beatniks, dann die Achtundsechziger und später die Generation Geil an unserer Sprache vergriffen, tat das im anderen Teil des Landes vorwiegend: die Partei. Denn die Deutsche Demokratische Republik war in den 41 Jahren ihres Bestehens nun mal ein totalitäres Regime, in dem die SED im wahrsten Sinne des Wortes den Ton angab. Und damit eben auch alle Arten der Kommunikation bestimmte.

Das geschah auf sprachlicher Ebene hauptsächlich, weil die argwöhnischen Genossen unbedingt verhindern wollten, dass sich die allseitig gebildete sozialistische Persönlichkeit so artikuliert wie der ordinäre Klassenfeind. Dafür wurde im Jahr 1952 an der Akademie der Wissenschaften der DDR eigens das *Wörterbuch der deutschen Gegenwartssprache* begonnen; gewissermaßen der Duden des Ostens. In sechs Bänden fanden nach und nach rund 100.000 Stichwörter Eintrag – der gemeinhin bekannte Wortschatz der deutschen Sprache, abzüglich BRD-typischer Propagandabegriffe wie *Wirtschaftsgutachten* – aber angereichert durch jede Menge ideologischen Blödsinn! Zufrieden stellte die SED 1972 fest, dass nach gerade einmal 20-jähriger Spracherziehung »nicht mehr das gemeinsame Deutsch, sondern eine von der Bundesrepublik schon wesentlich verschiedene Sprachvariante gesprochen« wurde.

Linguistisches Endziel war, so formulierte es die Ostberliner Staatsführung, die Etablierung von vier nationalsprachlichen Varianten des Deutschen: das Deutsch der Schweizer, das Deutsch der Österreicher, das Deutsch der Westdeutschen. Und als beste Variante natürlich: das Deutsch der DDR! Um dieses ehrgeizige Ziel zu erreichen, wurden furchterregende Fachausdrücke am Fließband erfunden: *Personenkennzahl, Dienstleistungskombinat, Plankommission, Wohnraumlenkung* oder *Kulturhaus* – solche Ausdrücke gab es in der Tat weder in der Schweiz noch in Österreich, noch in der Bundesrepublik. Manche Wörter, die es vor der deutschen Teilung schon gab und die im Osten aus welchem Grund auch immer in Ungnade fielen, wurden dagegen umbenannt: Aus der *Dreizimmerwohnung* wurde die *Dreiraumwohnung*, aus dem *Personalchef* wurde der *Kaderleiter*, aus dem *Altenheim* das *Feierabendheim* und aus dem harmlosen *Mähdrescher* die *Kombine*. Und während im Westen jedermann vom *Tempo* sprach, mussten sich die Ostdeutschen in ein *Zellstofftaschentuch* schnäuzen.

Weil diese Wörter und zudem jede Menge sperriger Redewendungen wie der *dauernde Klassenkampf*, die *Ideale des Sozialismus* oder *das Vertrauensverhältnis zwischen Partei und Volk* dem braven Arbeiter und Bauern immer und immer wieder eingehämmert wurden, schlich sich konsequenterweise das politisierte SED-Kauderwelsch nach und nach auch in den Alltagssprachgebrauch der Menschen ein. Wer jeden Tag mehrfach vernahm, dass von einer termin- und qualitätsgerechten Planung im VEB Halbleiterwerk Frankfurt/O. die Frage des Weltfriedens abhänge, der sprach irgendwann auch ganz automatisch von *ordnungsgemäßer Planerfüllung*, wenn er nur die reifen Tomaten im heimischen Schrebergarten erntete.

Dass diese ewige Leier den Leuten irgendwann in Fleisch und Blut überging, auch wenn sie ihnen eigentlich zu den Ohren herauskam, merkte man auch im Westen: Immer wenn wir uns am Telefon mit unserer Großtante aus Leipzig unterhielten, was ohnehin lediglich ein- oder zweimal pro Jahr vorkam, hörte es sich ein wenig so an, als würde unsere Familie mit einer hochrangigen Vertreterin des Warschauer Paktes die Voraussetzungen künftiger Handelsbeziehungen zwischen den Vereinigten Staaten und Kuba verhandeln. Dabei wollten unsere Eltern nur wissen, was sie diesmal zum Geburtstag oder an Weihnachten in die Westpakete packen sollten: Waschmittel, Schokolade, Socken oder Kaffee.

Tante Marianne erzählte uns natürlich nichts über den Ärger mit Honecker, Mielke und Co., denn in der DDR lernte man nicht nur, wie man zu sprechen hatte – man lernte auch, zu schweigen oder wenigstens die Dinge zu umschreiben! Sie erzählte einfach, wie es ihr und ihrer Familie gesundheitlich ging, wie das Wetter während der Sommerferien in Tabarz gewesen war oder dass unsere Großkusine nun eine Ausbildung in der Kaufhalle machte. Dass sie dabei gelegentlich Dinge benannte, die wir nicht kannten, *Krusta*, *Plaste* oder *Broiler* zum Beispiel, war nicht weiter schlimm – sie konnte im Gegenzug auch nichts damit anfangen, wenn wir von der neuesten Kajagoogoo-Scheibe schwärmten. Allerdings benutzte sie auch immer wieder gerne Begriffe wie *Wettbewerb* oder *Kollektiv*, obwohl wir uns mit ihr nie über Wettbewerbe und auch nicht über Kollektive austauschten. Auch *orientierte* sie sich gerne auf irgendetwas; ihre Datscha wurde nicht einfach *gestrichen* – ein neuer Anstrich musste *als Vorhaben realisiert* werden. Und das meiste, das sie oder Onkel Werner unternahmen, war ohnehin *im Sinne einer vorbildlichen Freizeitgestaltung optimalisiert*.

Vielleicht klingt es etwas ungerecht – aber die Art, wie unsere ostdeutsche Großtante und unser ostdeutscher Großonkel sprachen, war für uns unerträglich! Zu den seltsamen Umschreibungen kam noch ein nicht zu überhörender Kasernenhofton, der wohl dem Nominalstil geschuldet war, der überall in der öffentlichen Sprache der DDR gepflegt wurde – sei es in den Zeitungen oder den Nachrichtensendungen oder einfach am Arbeitsplatz. Vieles, was unsere Verwandten von sich gaben und natürlich gar nicht so meinten, hörte sich dadurch entweder unhöflich oder nach amtlicher Verlautbarung oder nach unhöflicher amtlicher Verlautbarung an. Und wenn unsere lieben Verwandten lustig sein wollten und davon sprachen, wie sie mit ihrer *Rennpappe* ins *Tal der Ahnungslosen* unterwegs waren, dann verstanden wir nicht, was sie meinten.

Mit dem Fall des antifaschistischen Schutzwalls schwappte natürlich auch ein Teil des DDR-Jargons in den vereinigten deutschen Sprachschatz. Kein Wunder: Beamte, die im Osten tätig gewesen waren, bearbeiteten nun Vorgänge im ganzen Bundesgebiet. Lehrer, die ostdeutsche Schüler unterrichtet hatten, taten dies nun auch im Westen. Und Politiker, die in Einheits- und Blockparteien gelernt hatten, Reden zu halten, sprachen nun von den Podien von CDU und SPD. Und so lassen wir alle mittlerweile Vorgänge *absegnen* oder Entscheidungen *abnicken*. Selbst der *Versorgungsengpass* hat in den gesamtdeutschen Duden Einzug gehalten. Nur der *Schokoladenhohlkörper* ist zum Glück in der DDR geblieben: Auch die Ossis schlemmen zu Ostern jetzt Schokohasen!

Weil Wichtigtuer das Lean Management erfanden

In den Fünfziger- und Sechzigerjahren sah ein deutscher Unternehmer, Geschäftsführer oder Firmeninhaber zumeist so aus, wie man sich einen deutschen Unternehmer, Geschäftsführer oder Firmeninhaber auch vorstellte – und wie er in den Filmen der damaligen Zeit von Schauspielern wie Rudolf Vogel oder Gert Fröbe verkörpert wurde. Der ordentliche Patriarch war eine maßstabsgetreue Kopie von Ludwig Erhard mit einem beeindruckenden Bauch, einer qualmenden Zigarre im Mund und einem leichten Schweißfilm auf der Stirn – wegen des üppigen Mittagessens, des Cognacs danach und der unermüdlichen Arbeit für den bundesdeutschen Aufschwung natürlich.

Eines Tages aber, es muss irgendwann in den Achtzigern gewesen sein, gab es kaum noch Ludwig Erhards in den Vorstandsetagen. Ein neuer Typ Chef hatte sich dort breitgemacht. Er war eher schlank, trug schultergepolsterte Anzüge teurer Designermarken, Seidenstrümpfe und Sonnenbrille. Das allein wäre natürlich nicht schlimm gewesen – die Vorgesetzten aus der Erhard-Ära waren auch nicht unbedingt geschmackvoll gekleidet gewesen mit ihren dunklen Zweireihern und den immer ein Stück zu engen Westen. Das wirkliche Übel war, dass diese neue Spezies an leitenden Angestellten auch eine neue Sprache in unsere Unternehmen brachte, eine Sprache der Aufschneider und Wichtigtuer: das Businessdeutsch!

Die Generation BWL wollte plötzlich nicht mehr nur Abteilungsleiter sein, stellvertretender Personalreferent oder zweiter Sachbearbeiter in der Lohnbuchhaltung. Diese Leute wollten nun allesamt *Manager* genannt werden, weil das irgendwie bedeutender klang. Deshalb bedienten sie sich in ihrer Ausdrucksweise ebenfalls bei den entsprechenden Idealen aus amerikanischen Konzernen, die seinerzeit imagemäßig Hochkonjunktur hatten und von denen ihr deutscher Abklatsch allenfalls entweder gelesen oder gehört hatte. Oder sie bewunderten sie im Kino, in Spielfilmen wie *Wall Street.*

Selbstverständlich existierte das Wort *Management* schon lange vorher und wurde auch im Nachkriegsdeutschland behutsam als Oberbegriff für alle Arten wichtiger Geschäftstätigkeiten herangezogen. Der ursprüngliche Begriff *Manus agere* stammte gar aus dem Lateinischen und bedeutete in etwa »an der Hand führen«. Doch das englische Verb *to manage* hörte sich dank der virtuellen Vorbilder auf einmal so dynamisch und modern an, dass jede Teilzeitkraft unbedingt die Bezeichnung »Manager« auf ihrer Visitenkarte stehen haben wollte – ganz gleich, wie wichtig die Person und ihre Tätigkeit für die Firma wirklich war!

Einer der wesentlichen Wegbereiter dieser bedauerlichen Entwicklung war ein in jenen Jahren viel beachtetes Fachbuch amerikanischer Wirtschaftswissenschaftler, die für ihr Werk neuartige Methoden der japanischen Automobilindustrie unter die Lupe genommen hatten: Der Fahrzeugbauer Toyota hatte ein System entwickelt, bei dem sämtliche Abläufe so weit wie möglich aufeinander abgestimmt wurden. Das

Zauberwort bei Toyota hieß *Lean Management* – weil Arbeitsstrukturen und Produktionsprozesse möglichst schlank (= *lean*) gehalten werden sollten, um alle Unternehmensziele billiger und schneller zu erreichen als bisher.

Obwohl sich die meisten selbst ernannten Manager wahrscheinlich kaum vorstellen konnten, was es mit dem *Lean Management* genau auf sich hatte, wollte nun jeder nach den Vorgaben dieses sagenumwobenen Prinzips handeln – die kleinen Firmen genauso wie die großen Konzerne. Und wenn man schon dabei war, sich internationaler zu geben, als man war, schwappte zusammen mit dem beinahe heiligen Modebegriff eine ganze Reihe weiterer Angeberanglizismen in die deutschen Büros: Plötzlich sprach man von *Benchmarks,* wenn man Maßstäbe meinte, berief *Meetings* ein, anstatt sich zu Besprechungen zu treffen, fabulierte über *Shareholder Values,* nur um den Marktwert zu benennen, oder benutzte die *Flipchart* statt einer Tafel. Zahlungen wurden zum *Cashflow,* die Einführung eines neuen Produktes geriet zum *Rollout,* und die Abteilung für Rechnungswesen hieß auf einmal *Controlling.*

Altgediente Mitarbeiter verzweifelten, weil ihnen junge Universitätsabsolventen, die stolz ein Auslandssemester in den USA vorweisen konnten, in einer absurden Mischung aus Deutsch und Englisch selbst banale Sachverhalte nicht mehr erklären konnten und dies auch gar nicht wollten! Das führte unweigerlich zu Konflikten: Wer *Briefing* hörte und sich danach an den Postsachen zu schaffen machte, wurde möglicherweise bald *outgesourct.*

Vermutlich verstanden die meisten Führungskräfte selbst nicht mehr, welcher himmelschreiende Unsinn in ihrem Verantwortungsbereich den lieben langen Tag gesprochen wurde oder was sie persönlich an aufgeblähten Plastikwörtern schwafelten. Aber sie trauten sich nicht, gegen das sich immer schneller verbreitende Blabla aufzubegehren. Niemand wollte schließlich beim *CEO* als *Low Performer* dastehen. Und so schickte manch überforderter Teamleiter die Kollegen kurzerhand auf die Toilette, wenn als nächster Tagesordnungspunkt *Urgent Issues* auf der Agenda standen.

Besonders lächerlich waren vor allem die neuen Berufsbezeichnungen für weitgehend gewöhnliche Tätigkeiten, denen jetzt aber ebenfalls eine gestiegene Wichtigkeit in der Außenwirkung zugebilligt werden sollte. Zum unfreiwillig komischen Klassiker wurde der *Facility Manager,* der als bisheriger Hausmeister für eher unspektakuläre Angelegenheiten wie das Auswechseln von Glühbirnen zuständig gewesen war – und es auch als Manager blieb. Ein Fensterputzer avancierte zum *Vision Clearance Engineer,* und die korpulente Hilfsköchin, die uns in der Kantine immer die Beilage auf den Kunststoffteller schaufelte, trug ein Namensschild mit der Aufschrift *Nourishment Production Assistant.* Vor dem Gebäude kümmerte sich ein *Soil Movement Engineer* um die Baustelle, drinnen hatte ein ganzes *Departement* von *Brand Managern* alle Hände voll zu tun – aber nicht aus Feuerschutzgründen, sondern weil sie sich um die Markenpflege kümmern mussten.

Fortschreitende Globalisierung und blinde Beraterhörigkeit taten ein Übriges, um die Zersetzung unserer Geschäftssprache weiter voranzutreiben. Da es heute selbst bei inhabergeführten Mittelständlern gang und gäbe ist, den Projektfortschritt durch *Quality Gates* zu prüfen, *Get togethers* einzuberufen, an der *Credibility* des Hauses zu arbeiten oder für den Notfall *Exit-Strategien* zu entwickeln, erscheint es erstaunlich, dass unsere Wirtschaft Wachstumsraten verzeichnet. Schließlich wusste bereits Konfuzius, dass Unordnung und Misserfolg entstehen, wenn die Sprache konfus ist.

Nicht nur die Kluft zwischen den wenigen Sprücheklopfern, die diesen Unsinn tatsächlich verstanden, und dem großen Rest wurde immer größer. Der Einzug des albernen Businessdeutsch hat auch den Rest unseres Sprachschatzes weiter beschädigt. Aber wie soll ein *In-House-Consultant,* der jeden Tag im *Office busy* ist, eine Menge *Conference-Calls* zu absolvieren hat oder in *Workshops* derartigem Fantasiesprech ausgesetzt ist, auch privat ordentliches Deutsch sprechen, geschweige denn an seine Kinder weitergeben?

Ludwig Erhard und all die anderen Persönlichkeiten, die sich nach dem Zweiten Weltkrieg um die ökonomische Stabilität unseres Landes verdient gemacht haben, dürften sich jedenfalls im Grab herumdrehen, würden sie von den ganzen *Leaderships, Keynotes* und *Performances* der Gegenwart hören. Für das Wirtschaftswunder jedenfalls brauchten sie keine *Skills.* Damals kam es noch einzig und allein auf die Fähigkeiten an!

Weil wir Döner nur mit scharf aßen

Bei Berta's Snack's gab es ihn noch nicht, und angesichts der latent ausländerfeindlichen Haltung von Herrn Meier hätte er seiner Frau ohnehin kaum erlaubt, ein türkisches Produkt zu offerieren. Und so aßen wir unseren ersten Döner auf einer Klassenfahrt nach Berlin-Mitte der Achtzigerjahre. Wir waren stolz, fühlten uns weltmännisch – und hatten anschließend erhebliche Bauchschmerzen, was aber nicht an der Qualität von Fleisch und Soße lag. Sondern an der für unseren Magen ungewohnten Würzmischung: Wir aßen den ersten Döner unseres Lebens natürlich *mit scharf*!

Entgegen der landläufigen Vermutung, bei einem *Döner Kebap* handele es sich um eine deutsche Erfindung, stammt das Ding offenbar tatsächlich aus dem Morgenland: Dort wurde schon vor 200 Jahren Hammel- oder Lammfleisch gegrillt, klein geschnitten und in ein Stück Brot geschabt. So beschrieb es jedenfalls in seinen Reiseberichten der preußische Generalfeldmarschall Helmuth von Moltke, der das ungewohnte Gericht bereits anno 1836 in Istanbul verspeiste, als er gerade als Militärberater ins Osmanischen Reich abkommandiert war. Der Verein Deutscher Döner-Hersteller behauptet dagegen, das Schnellgericht sei von einem türkischen Mercedes-Benz-Gastarbeiter erfunden worden, als dieser Anfang der Siebzigerjahre von Stuttgart nach Westberlin aufbrach und sich dort mit einem Kiosk selbstständig machte. Wo auch immer jedoch die knoblauchhaltige Kalorienbombe ihren Ursprung letztlich hat: Sicher ist, dass die sprachlichen Geschmacksverirrungen mit dem Siegeszug des Döners proportional zum Bauchumfang deutscher Kinder und Jugendlicher zugenommen haben!

Daran hat freilich nicht der Döner alleine Schuld. Praktisch zeitgleich zur besagten Kebap-Bude am Berliner Breitscheidplatz eröffnete in München ein Schnellimbiss. Der nannte sich ganz unbescheiden »Restaurant«, obwohl die Produkte in Styroporschachteln, Pappbechern und auf Plastiktabletts serviert wurden und auch die schmucklose Kunststoffeinrichtung mit der eines gehobenen Lokals wenig gemein hatte. Doch dieser *McDonald's*, von dem man schon viel gehört hatte und der mindestens genauso für die große weite Welt stand wie der Marlboro-Cowboy oder Coca-Cola, schlug trotz dieses kleinen Etikettenschwindels ein wie eine Bombe. Hungrige Menschen, die bis vor Kurzem noch gerne ein belegtes Brot oder einen Eintopf gegessen hatten, bestellten jetzt Döner und Burger oder Burger und Döner. Das Fast-Food-Zeitalter hatte in Deutschland begonnen.

Einige Jahre nach dem ersten *McDonald's* kam Konkurrent *Burger King* auf den Markt. Auch der Hähnchenbrater *Kentucky Fried Chicken* feierte damals seinen Einstand im Land der Braten und des Sauerkrauts. Mit dieser geballten Übersättigung an neuartigen Speiseangeboten begann der Siegeszug dieser Schnellspeisen, die nicht nur weite Teile unserer Ess-, sondern auch der Sprachkultur ruiniert haben. Nicht etwa, weil wir uns dank des zügig zu verschlingenden Essens nun nicht mehr während der Mittagspause in der Kantine mit den Kollegen unterhalten mussten. Und auch nicht, weil seinetwegen so schöne Wörter wie *Henkelmann*, *Stulle* oder *Brotdose* aus unserem Wortschatz verschwanden. Sondern weil die Amerikanisierung unserer Gesellschaft damit einen weiteren Satz machte. Da passte es ins Bild, dass sich niemand wunderte, warum der *Pizza Hut* überhaupt kein Hut war, sondern eine Hütte.

Allein das Angebot der neuen Lokale las sich von Beginn an wie ein Englischsprachkurs für Fortgeschrittene: Von *Cheeseburger, McRib* oder *Big Mac* über *Whopper, Long Chicken* oder *King Nuggets* bis zu *Double Crunch, Zinger* oder gleich einem *Bucket Wings* gab es nichts, was irgendwie noch nach einem einheimischen Gedeck klang. Und leider müssen wir zugeben: Es war toll! Der Besuch eines solchen Lokals war für die meisten von uns wie ein Feiertag. Wie langweilig waren plötzlich Schnitzel, Nudelauflauf und Gulasch geworden – nicht weil uns das nicht mehr schmeckte, sondern weil es sich so altmodisch anhörte.

Aufgeregt und neugierig fuhren wir mit unseren Eltern zum ersten Mal an einen *Drive-In*-Schalter und durften unsere Bestellung selbst in eine Art Müllschlucker hineinsprechen. Es ist ziemlich wahrscheinlich, dass das Wort *Burger* jenes englische Wort ist, das die meisten deutschen Kinder als Erstes gelernt haben. Kein Wunder, dass die Marketingfachleute der großen Ketten sich mit Feuereifer daranmachten, vor allem die Kleinen frühzeitig an die Marke zu binden und mit Anglizismen und Werbesprüchen zu überschütten. Es gab *Kids Menüs* und *Junior-Tüten*, und das Firmenmaskottchen des Marktführers war ein Clown namens Ronald McDonald, der uns ganze Geburtstagspartys ausrichtete.

Die rasant ansteigende Popularität von *McDonald's* war auch deshalb verwunderlich, weil der Konzern diese zu Hause in den USA nie erreichte und eher als wenig empfehlenswerte Verköstigungsstätte für die Unterschicht galt. Hier aber wurde das *Goldene M* Kult! Unsere Assoziation des Namenszusatzes »Mc« mit dem sprichwörtlichen schottischen Geiz führte dazu, dass der Hackfleischbrater bald auch als Synonym für alle möglichen Arten vermeintlich günstiger Angebote herhalten musste. Überall schossen McIrgendwas aus dem Boden: Es gab tausendfach *McReinigungen* oder *McSchlüsseldienste, McWerkstätten* oder *McPapierfachgeschäfte*. Dass sich sogar eine große Fitnessstudiokette

McFit nannte, war angesichts der bisweilen grenzwertigen Nährwerte des Nahrungsmittelgiganten fast schon ein Paradoxon.

Parallel dazu machte der Döner ebenfalls eine beachtliche Karriere. Binnen weniger Jahre existierten alleine in Berlin mehrere Hundert solcher Verkaufsstätten, die natürlich der Authentizität wegen allesamt von türkischen Einwanderern betrieben wurden. Dass diese oft ausschließlich wegen der neuen und vielversprechenden Geschäftsidee nach Deutschland gekommenen Menschen gelegentlich Schwierigkeiten mit unserer Orthografie hatten, ist nur nachvollziehbar. So aber etablierte sich der *mit scharf* gewürzte Döner ebenso wie der grundsätzliche Verzicht auf die Anrede »Sie«: Wer noch nie in seinem Leben die eigentlich als Aufforderung gestellte Frage »*Brauchst du Soße*« gehört hat, hat auch noch keinen Döner bestellt. Und einem Typen, der uns in lupenreinem Hochdeutsch offenbarte, welche weiteren Wünsche wir denn noch in Bezug auf die zur Auswahl stehenden Gemüsebeilagen hätten, hätten wir wahrscheinlich keinen Kebap abgekauft.

Weil gerade in den Dönerbuden bald die verschiedenen Ethnien aufeinanderprallten, wurden die Imbisse schnell zum Sprachlabor für eine neuartige Ausdrucksweise: der »Kanak-Sprak«, die sich von Berlin aus den Weg ins restliche Land bahnte. Aber zu der kommen wir noch. Jedenfalls dürfte in keiner einzigen der rund 16.000 bundesdeutschen Verkaufsstellen des Drehfleischfladens in linguistischer Hinsicht jemals ein Döner ordnungsgemäß bestellt oder ausgehändigt worden sein. Und während wir in einer Mittagspause lange überlegen, ob wir eher zum *Big Tasty Bacon* oder doch eher zum *X-Tra Long Spring BBQ* greifen, bestellen wir am nächsten Tag einfach einen *Döner mit alles!* Bleibt zu hoffen, dass uns das auf Dauer bekommt …

Weil der Kevinismus um sich griff

Natürlich ist die Namenswahl glücklicher junger Eltern nicht immer nur eine reine Geschmacksfrage. Manchmal ist sie einfach eine reine sprachliche Modeerscheinung der jeweiligen Epoche. *Andreas*, um nur mal ein zugegebenermaßen persönliches Beispiel zu nennen, lag in der Hitliste der beliebtesten Vornamen *unseres* Geburtsjahres auf Platz vier. In den Jahren danach ging's kontinuierlich bergab, und im Jahr 2013 landeten wir auf dem ernüchternden Platz 175, hinter *Lion, Yusuf, Connor* oder *Bennet*. Das tut schon weh.

Betrachten wir dagegen beispielsweise die beliebtesten Vornamen des Jahres 1899, so stellen wir fest, dass bei den Knaben der gute alte *Wilhelm* ganz vorne lag und bei den Mädchen *Anna*. Dass Kaiser Wilhelm Zwo just zu diesem Zeitpunkt den Gipfel seiner Popularität erreichte, konnte in diesem Zusammenhang also kein Zufall sein. Während aber *Wilhelm* schon ein paar Jahre später von *Karl* oder *Walter* abgelöst wurde und heute praktisch nur noch in Todesanzeigen vorkommt, hielt sich *Anna*, die schon im 16. Jahrhundert sehr gerne genommen wurde, bis heute auf den vorderen Plätzen.

Warum genau manche Namen zu manchen Zeiten vermeintlich schicker klangen als andere, das lässt sich nicht genau begründen. *Adolf* zum Beispiel schaffte es nicht einmal in den Anfangsjahren des NS-Regimes in die Liste der 30 meistvergebenen Jungennamen. Dieser Name hatte seine Blütezeit schon 1933 lange hinter sich, und viel aktueller waren zum Zeitpunkt der Machtergreifung *Hans, Günther* oder *Gerhard*. Wer seinen Filius also seinerzeit ausdrücklich nach dem Führer benannte, bei dem lag zumindest der Verdacht nahe, ein überzeugter Nazi gewesen zu sein – und nicht etwa ein bloßer Begleiter eines onomastischen Zeitgeistes!

Wie *Adolf* erging es später vielen klassischen deutschen Vornamen, darunter *Gertrud, Heinz, Helga, Irmgard* oder *Horst*, die allesamt über Jahrzehnte hinweg bis Mitte des letzten Jahrhunderts schwer angesagt und danach in der Gunst werdender Väter und Mütter ziemlich abgemeldet waren. Dauerbrenner waren dagegen *Johannes* oder *Elisabeth*, die sich fast immer in den Beliebtheitslisten fanden. Manche Namen indes verschwanden lediglich eine Zeit lang von der statistischen Bildfläche, wie etwa *Max* oder *Charlotte*, die zwischen 1940 und 1980 praktisch nirgendwo mehr auftauchten, seit einigen Jahren aber wieder sehr häufig vergeben werden. Und dann gab es ja noch: *Kevin*.

Eigentlich handelte es sich bei *Kevin* um einen traditionellen irischen Namen, der übersetzt »anmutig von Geburt an« bedeutete und im angloamerikanischen Sprachraum weit verbreitet war. Uneigentlich handelte es sich bei *Kevin* jedoch um eine Filmfigur aus dem Jahr 1990, dargestellt vom damals sehr blonden und sehr drolligen Macaulay Culkin. Sechs Millionen Zuschauer hatten sich die Komödie *Kevin – Allein zu Haus* in Deutschland angesehen, und weil sich im folgenden Jahr der titelgebende Bub plötzlich auf Platz 1 der beliebtesten männlichen Vornamen wiederfand, darf man vermuten, dass eine Menge Männer und Frauen nach dem Kinobesuch nachhaltig beeindruckt waren.

Klar, wir schrieben das erste Jahr der deutschen Wiedervereinigung, und es war kein Geheimnis, dass in der DDR englisch klingende Vornamen sehr beliebt waren. Sein Kind *Cindy, Maik, Mandy* oder *Justin* zu nennen war immerhin eine elegante und recht subtile Möglichkeit, dem Staatsapparat zu zeigen, dass man sich geistig lieber in Richtung Westen orientieren wollte. Allerdings gab es eine ähnliche Vorliebe auch in der Bundesrepublik: Hier gaben viele Eltern ihrem Nachwuchs eine Zeit lang gerne slawische Vornamen wie *Boris, Tatjana, Sascha* oder *Larissa,* weil sie das eben auch schicker fanden als *Uwe, Uschi* oder *Ute.*

Im Fall von *Kevin* jedoch müssen wir leider feststellen, dass es sich bei ihm um ein gesamtdeutsches Phänomen handelte: Bei der Verteilung des Namens gab es praktisch keine geografischen Unterschiede! Man kann also sagen, dass die Menschen in allen nun 16 Bundesländern damals beinahe gleich doof waren. Doch das war erst der Anfang. Bis zum Siegeszug *Kevins* wirkten Vornamen höchstens deshalb komisch, weil sie irgendwie aus der Zeit gefallen schienen: Wer etwa auf die arglose Idee kam, seinen Sohn Mitte der Siebziger *Helmut* zu nennen, der konnte nicht ahnen, dass der arme Kerl zehn Jahre später in der Schule als *Birne* verspottet werden würde. Und niemand hätte sich vor 40 Jahren über Baby *Monika* gewundert. Heute aber heißen irgendwie nur noch Supermarktkassiererinnen oder Politessen so, zumindest gefühlt, denn neu vergeben wurde *Monika* praktisch seit zwanzig Jahren nicht mehr.

Kevin aber brach den Bann für eine Unmenge vermeintlich extravaganter Vornamen, die ihren Ursprung überall hatten – nur nicht in der deutschen Sprache! Zigtausende Eltern überboten sich gegenseitig in ihrer Kreativität und nannten ihren Nachwuchs plötzlich *Ole, Kim, Finn* oder *Kea.* In den Kindergärten tummelten sich seit Anfang des neuen Jahrtausends die *Leons* und die *Lillys* gleich dutzendfach. Also mussten sich die geistreichen Erzeuger etwas anderes einfallen lassen, um sich nominell von den Nachbarn abzugrenzen.

Mit einem pfiffigen Doppelnamen ließ sich die Individualität einer fröhlichen Familie nun noch effektiver herausstellen. Da in der Neubausiedlung inzwischen 13 *Bens* und zehn *Sophias* lebten, entschied man sich eben für *Ben-Yannick* und *Sophia-Luna* – und unterstrich dies in lustigen Aufklebern für die Heckscheibe des Familienachtsitzers.

Besonders erfinderisch waren in diesem Kontext viele Prominente. Sie gaben ihren Kindern Namen wie *Jimi Blue, Cheyenne Savanna, Emma Tiger* oder *Lilli Camille*. Die Nachnamen dürfen wir aus juristischen Gründen nicht nennen, aber zusammen klingt das noch mal so blöd.

Bei manchen Bezeichnungen konnte man sich nicht einmal mehr sicher sein, ob es sich um ein menschliches Wesen handelte – oder womöglich um ein neues Automodell und ein Feinwaschmittel. Ein früherer Fußballnationalspieler etwa entschied sich bei seinem Sohn für den Vornamen *Jayron-Cain*, ein anderer für *Taylor-Joel*. Hier bleibt eigentlich nur mehr die Hoffnung, dass die Jungs irgendwann ebenfalls viel Geld mit dem Sport ihrer Väter verdienen. Anwälte, Sachverständige oder Ärzte, die heißen wie *Twi'leks* vom Planeten *Murkhana*, dürften sich dagegen beruflich eher schwertun.

Während die ersten *Kevins* erwachsen wurden, sahen sich unsere Standesbeamten immer irrwitzigeren Vorschlägen ausgesetzt: *Julius Caesar, Dior, Emilie-Extra, Galaxina, Lafayette, November, Prestige* oder *Windsbraut* sind nur einige der fragwürdigen Ideen, die von den Behörden tatsächlich durchgewunken wurden. Die Abkehr von gewöhnlichen Namen und der gleichzeitige Einzug von *Cedrik-Timo, Amira-Melinda, Alessio-Kaan* und *Lola-Zoé* in unseren Sprachgebrauch hatte absurde Folgen: Etliche Studien belegen, dass Kinder mit derartigen Bürden von vielen Lehrern und Personalleitern automatisch benachteiligt werden, ohne dass sich dies objektiv mit deren Leistungen oder dem Auftreten begründen ließ. Das wollten die vielen Schmidts, Müllers und Schulzes für ihre *Jaydens, Xenias, Maddoxes* oder *Summers* sicher nicht bezwecken.

Dabei kann diese verquere Wahl fatale Folgen haben: Amerikanische Forscher verglichen vor einigen Jahren eine Liste mit Vornamen von männlichen Straftätern mit der Liste der häufigsten Vornamen der Gegend. Das Ergebnis: Jene Jungen, die mit dem Gesetz in Konflikt kamen, hatten deutlich häufiger ungewöhnliche Vornamen als die Jugendlichen, die sich nichts zuschulden kommen ließen. So kann aus einem elterlichen Einfall, sich sprachlich von anderen abzugrenzen, ein echtes gesellschaftliches Problem werden. Aber vielleicht ist der semantische Einfallsreichtum deutscher Eltern nicht nur negativ zu betrachten: Zumindest haben wir so in einigen Jahren wenigstens eine Menge zu lachen, wenn wir unser Auto zum Kundendienst bei Herrn *Lino-Mikail* Schneider bringen, Frau *Holly-Vivian* Schwarz uns beim Bäcker bedient oder ein *Jarne-Santiago* Krause im Radio den Wetterbericht vorliest.

Weil die Politik das Gender-Mainstreaming beschloss

Das Unheil begann im Jahr 1985 in der kenianischen Hauptstadt Nairobi. Im schmucklosen Konferenzzentrum der afrikanischen Metropole diskutierten in stickiger Luft knapp 1400 Delegierte auf der dritten Weltfrauenkonferenz der Vereinten Nationen über Gleichberechtigung. Dabei stellten die Teilnehmer fest, dass es international erheblichen Nachholbedarf in Bezug auf die tatsächliche gesellschaftliche Gleichstellung beider Geschlechter gab. So, da waren sich die meisten Anwesenden einig, konnte es nicht weitergehen! Also beschlossen sie, sich künftig konzentriert und konzertiert um die Sache zu kümmern. Dafür erfanden sie ein Instrument, das vielleicht gut gemeint war – das aber wie so viele derartige Vorhaben als bürokratisches Monstrum endete. Seitdem verschandelt das *Gender-Mainstreaming* vor allem unsere deutsche Sprache auf nie da gewesene Weise.

Klar, es gab bis weit in die zweite Hälfte des letzten Jahrhunderts hinein auch hierzulande noch erhebliche Defizite, was die Chancengleichheit von Männern und Frauen betraf. Gerade in der Bundesrepublik war nach dem Zweiten Weltkrieg die Rolle der Frau recht klar definiert: Sie hatte als ordentliche Gattin dafür zu sorgen, dass der Haushalt in Schuss, die Kinder wohlauf und der Ehemann bei Laune waren. Aber immerhin durften die deutschen Frauen schon seit 1918 wählen, und auf den Universitäten gab es auch keine Zugangsbeschränkungen mehr. Diese Entwicklung war doch eigentlich nicht schlecht.

Alice Schwarzer und ihre Mitstreiterinnen sorgten ab den frühen Siebzigerjahren nach und nach dafür, dass es zu zahlreichen Reformen im Ehe- und Familienrecht kam – und langsam, aber sicher ein allgemeines Umdenken unserer patriarchalisch geprägten Gesellschaft einsetzte. Dem trugen schließlich erst, im Jahr 1993, unser Grundgesetz und sechs Jahre später die Amsterdamer Verträge der Europäischen Union Rechnung: Beide Vertragswerke wurden dahingehend geändert, dass die Gleichberechtigung fortan als politisches Ziel verankert und durchgesetzt werden musste. Eigentlich hätten die Frauen also zufrieden sein können.

Doch wie das manchmal so ist: Wenn sich bestimmte Kräfte mal in ein Thema verbissen haben, dann lassen sie nicht mehr locker! Plötzlich stellten die Verfechter einer totalen geschlechtlichen Parität fest, dass ausgerechnet unsere Sprache die Männer in einer nicht hinnehmbaren Weise bevorzugte: Nachweislich redeten wir von *dem Besitzer* und *dem Kunden* – selbst wenn es sich jeweils um Frauen handelte. Wir sprachen von *Lehrlingen* und *Meistern*, von *Studenten* und *Mitarbeitern*, von *Fußgängern* und *Autofahrern* – ungeachtet, wie viele Frauen sich unter den Gemeinten befanden. Und wir verwendeten andauernd dieses verfluchte unbestimmte Pronomen der dritten Person Singular: *man!* Damit wollte *frau* nun endlich Schluss machen.

Vor allem in den Gremien der Politik liefen die Gehirne heiß. Es galt schließlich, Tausende von Begriffen und Abermillionen von Texten zu

gendern, um endlich dafür zu sorgen, dass sich Frauen nicht mehr diskriminiert fühlten, wenn sie von *Wählern* und *Gewählten*, von *Gästen*
und *Gastgebern* oder gar von *Kauf-* oder *Feuerwehrmännern* lesen
und hören mussten. Selbst für das Wort *Alkoholiker* sollte nun ein ge-
schlechtsneutraler Begriff gefunden werden, um trunksüchtige Damen
nicht länger außen vor zu lassen.

Gleichstellungsbeauftragte machten sich überall im Land ans Werk und
entdeckten skandalöse Zustände in Gesetzen und Bestimmungen, in
Stellenanzeigen und Merkblättern, in Schul- und Universitätsordnun-
gen. Von da an wurden weibliche Formen endlich sichtbar gemacht,
um den sprachlichen Sexismus zu bekämpfen – auf vielfältigste Art
und Weise: Mittels eines Schrägstriches wurde aus *dem Bürger ein/-e
Bürger/-in*. Eine Klammer verwandelte *den Lehrer* in *ein(e) Lehrer(in)*.
Doppelformen sorgten dafür, dass aus einem *Ingenieur die Ingenieurin*
und *der Ingenieur* wurde. Und sogenannte *Gender-Sternchen* machten
aus dem Radfahrer *ein*e Radfahrer*in* – Letzteres gerne genommen
von Verfechtern einer Sprache, die eine radikale Trennung von Mann
und Frau ohnehin für überholt hält, weil sie Transsexuelle, Lesben und
Schwule benachteilige.

Nun sah das alles schon richtig übel aus und hörte sich noch übler
an. Den Vertretern und Vertreterinnen einer wahrhaft feministischen
Linguistik reichte das aber immer noch nicht: Sie erfanden vor einigen Jahren das *Binnen-I*, um maskulinen Unworten den finalen ge-
schlechtsneutralen Garaus zu machen. Dass die Duden-Redaktion
kurz aufbegehrte und das *Binnen-I* zuletzt 2011 als Verstoß gegen gel-
tende Rechtschreibregeln geißelte, stoppte die *AktivistInnen* nicht: Sie
beharrten auf *MusikerInnen* im Orchester, *SchriftstellerInnen* in der Literatur oder *EinwohnerInnen* im Melderegister.

Während es im Duden'schen Familiengrab auf dem Friedhof von Bad
Hersfeld bereits deutlich unruhiger zuging, wurde es an der Oberfläche
jedoch noch entsetzlicher: Die Gender-Guerilla nahm nun *Hyperpar-
allelisierungen* und gar *Hyperkorrekturen* nicht länger hinzunehmen-

der Begriffe vor: Aus *Jedermann* wurde *Jederfrau*, aus dem *Menschen* die *Menschin* und aus dem *Christen* die *Christin*, ganz ohne großes I! Wer dachte, dass es sich dabei nur um einen schlechten Witz handeln konnte, sah sich beispielsweise in der offiziellen Berufungsordnung der Universität Potsdam eines Besseren belehrt. Darin ist schon seit einigen Jahren von *Herrn ProfessorInnen* genauso die Rede wie von *Gutachterinnen und Gutachtern*. Auch einige Prüfungsvorgaben anderer Unis schreiben den *Kursteilnehmern und Kursteilnehmerinnen* mittlerweile vor, Seminararbeiten bitte schön geschlechterneutral zu verfassen. Wer nur von *Beamten* und *Antragstellern* schreibt, bekommt Punktabzug! Es scheint nur eine Frage der Zeit, bis auch andere sprachliche Gewohnheiten dem *Gender-Mainstream* zum Opfer fallen. Lann Hornscheidt, Professorin am Zentrum für Transdisziplinäre Geschlechterstudien in Berlin, möchte nicht per Anrede als Mann oder Frau identifiziert werden, wie sie im Interview mit *Spiegel Online* erklärte. Sie schlägt vielmehr eine neue, geschlechtsneutrale Form vor – in ihrem Fall *Professx*. Nur durch derartige Vokabelschöpfungen würden Personen, die sich weder weiblich noch männlich fühlen, nicht diskriminiert werden. Im letzten Semester, so Hornscheidt, seien dies immerhin 13 *Studierx* gewesen!

Parallel dazu wird in Fachkreisen aufgeregt darüber diskutiert, wie zeitgemäß die automatische Erstnennung des Mannes im Sprachgebrauch noch ist. So handele es sich bei *Adam und Eva* oder *Romeo und Julia* ebenfalls um sexistische Begrifflichkeiten, die schleunigst umgedreht werden müssten. Zahlreiche *LeserInnenbriefe* wütender *EifererInnen* sind hierzu schon bei verschiedenen *Redakteurx* eingegangen. Zum Glück musste Meister Goethe derlei Schwachsinn nicht mehr erleben. Und uns blieben dadurch immerhin die *Leiden der jungen Wertherin* erspart!

Weil Fußballer zu sprechen begannen

Die Helden unserer Jugend hatten nur in Ausnahmefällen etwas zu sagen. Wenn etwa Rudi Kargus, in 437 Erst- und Zweitligaspielen Torhüter in Hamburg, Nürnberg, Karlsruhe und Düsseldorf, nach einem verlorenen Spiel verschwitzt, verschmutzt und verärgert vom Platz in Richtung Kabine ging, traute sich kein Reporter, den Mann anzusprechen. Zu groß wäre die Gefahr gewesen, bei einer unsinnigen Frage eine Ohrfeige zu bekommen. Oder im besten Fall eine sarkastische, ironische oder zynische Antwort, denn Kargus war ein außergewöhnlich kluger Mann.

Uns Fans störte das nicht: In den Zeitungen lasen wir gerne die nüchternen Spielberichte, angereichert durch ein oder zwei Zitate des jeweiligen Trainers sowie die fundierte Analyse des zuständigen Redakteurs, und im Fernsehen war in den drei- bis vierminütigen Zusammenfassungen ohnehin kein Platz für etwaige verbale Randnotizen. Außerdem waren Lizenzfußballspieler echte Respektspersonen: Undenkbar, dass ein Rundfunkjournalist auf die Idee gekommen wäre, Helmut Rahn, Uwe Seeler oder Franz Beckenbauer kurz nach dem Schlusspfiff ein Mikrofon unter die Nase zu halten, um zu erfahren: »Woran lag's?«

Angesichts des kommerziellen Siegeszugs der millionenschweren Massensportart Fußball und der massiven Ausweitung der Fernsehberichterstattung aber war es mit der journalistischen Zurückhaltung eines schlechten Tages vorbei. Ein Beitrag dauerte nun zehn Minuten oder noch länger, und selbst bei einem einschläfernden null zu null zwischen Arminia Bielefeld und Bayer Leverkusen musste die Sendezeit irgendwie gefüllt werden.

Rein sprachlich betrachtet, gehörte vor allem die Anfangszeit der nun immer häufiger eingeforderten Fußballerkommentare sicherlich nicht zu den herausragenden Beispielen deutscher Redekunst. Später zum Kult gewordene Äußerungen wie von Roland Wohlfarth (»Zwei Chancen, ein Tor – das nenne ich hundertprozentige Chancenauswertung«), Lothar Matthäus (»Das Chancenplus war ausgeglichen«), Andreas Möller (»Mein Problem ist, dass ich immer sehr selbstkritisch bin, auch mir selbst gegenüber«), Fritz Walter dem Jüngeren (»Der Jürgen Klinsmann und ich, wir sind schon ein gutes Trio«), Ingo Anderbrügge (»Das Tor gehört zu 70 Prozent mir und zu 40 Prozent dem Wilmots«), Thomas Häßler (»Ich bin körperlich und physisch topfit«) oder Mario Basler (»Jede Seite hat zwei Medaillen«) waren der überschaubaren geistigen Reife so manches Spielers geschuldet, hatten aber wenigstens einen gewissen Unterhaltungswert.

Schließlich waren nicht alle, die im wahren Leben Berufe wie Raumausstatter, Lackierer oder Postbote gelernt hatten, so vielseitig interessiert wie ebenjener Rudi Kargus, der regelmäßiger Gast in den Stadttheatern seiner jeweiligen Profistation war. Das mussten sie aber auch nicht sein: Ein ordentlicher Kicker hatte auch in den Achtziger- und Neunzigerjahren nicht zu sprechen. Er musste entweder Tore verhindern oder welche schießen. Deshalb glaubten wir Klaus Fischer sofort, als er auf die Frage nach seiner Lieblingslektüre entrüstet entgegnete: »Ich lese doch keine Bücher!«

Die Liste der Versprecher, falschen Zusammenhänge und verrutschten Metaphern ist lang: Ob Andreas Brehme beim Relativsatz versagte

(»Bedanken möchten wir uns auch bei den Fans, auf denen wir uns immer verlassen konnten«), Horst Hrubesch mit dem Zählen nicht hinterherkam (»Ich sage nur ein Wort: vielen Dank«), Jürgen Klinsmann das Relativpronomen getreu seinem schwäbischen Dialekt einsetzte (»Das sind Gefühle, wo man schwer beschreiben kann«) oder Karlheinz Riedle vor einem Fremdwort kapitulierte (»Ich werde mich erst mal rege- regen- ach, ich fahre in den Urlaub«) – die allermeisten Fußballer taugten nun mal nicht als Sprachvorbilder. Am treffendsten formulierte es vielleicht Jürgen Wegmann, als er einen ausländischen Mitspieler in Schutz nahm, der dem verzweifelten Berichterstatter trotz mehrfacher Nachfrage kein Interview geben wollte: »Das muss man verstehen. Er ist die deutsche Sprache noch nicht mächtig.« Ein weiser Satz, der für die allermeisten Kollegen gleich mit galt!

Doch nach und nach begann sich ein anderer Typ Fußballprofi zu etablieren. Obwohl die meisten von ihnen überhaupt keinen richtigen Beruf mehr erlernten, waren sie doch geschickter im Umgang mit den Medien. Sie beschwerten sich nicht mehr über Rote Karten wie Olaf Thon (»Ich habe ihn doch nur leicht retuschiert«) und gaben auch nicht die trotzige Parole aus, »den Sand nicht in den Kopf zu stecken«, wie es einst ein Lothar Matthäus tat. Sie sagten einfach gar nichts mehr. Genauer: Sie antworteten, ähnlich wie unsere Politiker, nur noch in Schablonen. So konnte man sich schon nicht angreifbar oder gar lächerlich machen.

Sprachlich aber war das, was nun in den *Mixed Zones* nach Spielende vonstattenging, noch weitaus trostloser als jeder Lapsus Linguae eines Anton Polster, der stolz bekundete: »Für mich gibt es nur entweder, oder – also voll oder ganz!« Stattdessen können wir jetzt ins Nichts blickenden Männern mit tätowierten Armen und rasierten Schädeln dabei zuhören, wie sie versichern, *alles gegeben* zu haben, im *nächsten Spiel wieder voll anzugreifen* oder die *Vorgaben des Trainers noch besser umzusetzen*. Wer die verbalen Räume so eng macht, der wäre problemlos für eine Karriere im diplomatischen Corps geeignet, so wenig vermag ein durchschnittlicher Bundesligaspieler im 21. Jahrhundert mit vielen Worten zu sagen.

Rudi Kargus dagegen dürfte das alles ziemlich egal sein: Er betätigt sich seit vielen Jahren nicht mehr im Fußball, sondern als Kunstmaler. Und da hat er auch weiterhin das, was er schon während seiner aktiven Zeit am meisten schätzte: seine Ruhe. Schließlich wusste schon Großmeister Goethe, was in solchen Situationen angemessen ist. Er riet: »Bilde, Künstler – rede nicht.« Recht hatte er!

Weil der Coffee to go nach Deutschland kam

Über Geschmack lässt sich bekanntlich nicht streiten. Insofern ist es müßig, darüber zu diskutieren, ob einem nun ein Filterkaffee besser schmeckt oder ein Espresso. Verhältnismäßig unstrittig dagegen ist, dass sich gerade am Kaffee sehr deutlich ablesen lässt, welches Schindluder wir vor allem in den vergangenen zwei Jahrzehnten mit unserer Sprache trieben.

Die einzig maßgebliche Unterscheidung, die unsere Eltern und Großeltern in Bezug auf ihren Kaffeekonsum kannten, betraf das Gefäß, in welchem sie das aufmunternde Heißgetränk zu genießen gedachten. Entweder tranken sie ihn in einer Tasse. Oder in einem Kännchen, was vorwiegend dann der Fall war, wenn der Kaffee auf der Terrasse eines gastronomischen Betriebs serviert wurde. Natürlich gab es auch koffeinfreien Kaffee oder Malzkaffee, diese Sorten spielten jedoch eher untergeordnete Rollen. Der Kaffee an sich aber war und blieb ein Kaffee. Milch und Zucker hin oder her.

Später entdeckten die Deutschen ihre Vorliebe für Italien und mit ihr den Cappuccino und den Espresso, was, sprachlich gesehen, gleichwohl noch nicht weiter bedenklich war – wenn auch der Cappuccino seine linguistische Herkunft von der Wiener Kaffeespezialität *Kapuziner* nicht verleugnen konnte. Aber wir aßen schließlich auch *Pizza* und tranken *Grappa* und kamen nicht auf die Idee, einen belegten Teigfladen zu bestellen oder einen Tresterbrand. So viel kulturelle Vielfalt und äußere Einflüsse konnte unsere Sprache problemlos verkraften. Im Übrigen stammte auch der Begriff *Kaffee* selbst aus dem Arabischen, und von den annähernd 140.000 Einträgen des aktuellen Duden hat etwa jeder Vierte fremdsprachliche Wurzeln.

Mit dem Modegetränk *Latte macchiato* fing es dagegen an, ein bisschen albern zu werden im Kaffeehaus: Die sogenannte *gefleckte Milch* war im Grunde genommen auch nichts anderes als ein schnöder Milchkaffee, nur dass wir mit dem nicht mehr ganz so schneidig rüberkamen wie mit einer *Latte*, die natürlich vorzugsweise im Glas und mit Strohhalm getrunken werden musste, wollte man nicht als rückwärtsgewandt auffallen. Weil aber in Deutschland nachweislich schon seit mindestens 1668 Kaffee ausgeschenkt wurde, ließ sich diese Variation noch als kurzlebige Mode in einem langen ernährungskulturellen Kontext entschuldigen.

Unentschuldbar indes war das, was ohne große Vorwarnung vor etwa 20 Jahren aus den Vereinigten Staaten zu uns gelangte: Natürlich haben auch wir in Notsituationen – etwa nach stundenlangen Nachtfahrten oder am frühen Morgen auf dem Weg zur Arbeit oder zur Schule – einen Kaffee zum Mitnehmen in einem Pappbecher verlangt. Niemals aber wären wir auf die Idee gekommen, bei Tankwart Schmidtke oder Frau Gruber vom gleichnamigen Vorstadtbäcker einen *Coffee to go* zu ordern. Wir wären im besten Fall schlichtweg verlacht worden – und im zweitbesten darauf hingewiesen, dass der ausgeschenkte Kaffee von *Burkhof* und nicht aus Togo stamme.

Irgendwann aber kamen einige geschäftstüchtige Studenten aus den USA zurück und hatten dort entdeckt, dass man mit dem *Coffee to go* ein Schweinegeld verdienen konnte. Die einzige Bedingung für den großen Gewinn war offenbar, dass man vollends auf Mehrweggeschirr verzichten und sich kuriose Kunstnamen für die Getränke ausdenken musste. Und dass man so tat, als wäre das, was die vergangenen 300 Jahre in Deutschland gemahlen, gefiltert, gebraut und ausgeschenkt wurde, nicht nur kalter Kaffee gewesen. Sondern geradezu eine flüssige Sünde.

In den großen Städten schossen an jeder Ecke, hauptsächlich aber in den Innenstädten und den Univierteln, *Coffeeshops* aus dem Boden und verdrängten unsere schönen Kaffeehäuser alter Prägung. Die *Coffeeshops* verkauften folgerichtig keinen normalen Kaffee mehr, sondern Cappuccino, Espresso und natürlich Latte macchiato. Darüber hinaus verkauften sie allerdings auch kauzig anmutende Dinge wie *Frozen Macchiato*, *Double Espresso* oder *Cappuccino Light* – und alles *to go*, selbst wenn wir versicherten, unsere Bestellung vor Ort trinken und nicht gehen zu wollen.

Nachdem sich binnen weniger Jahre Hunderte solcher Lokale breitgemacht hatten, konnte der Urheber des *Coffee to go* nicht mehr länger zusehen: 2002 öffnete die amerikanische Gastronomiekette *Starbucks* ihr erstes Haus in Deutschland. Inzwischen sind es an die 200, in denen es unter anderem *Chocolate Mocha*, *Caramel Macchiato*, *Iced Flavored Latte*, *Hazelnut Hot Chocolate* oder diverse *Frappuccinos* zu kaufen gibt, die warenrechtlich geschützte Spezialität des Hauses, die wahlweise mit *Strawberry*, *Vanilla* oder *Caramel Cream* veredelt wird, keinesfalls aber mit Sahne mit Erdbeer-, Vanille- oder Karamellgeschmack. Sollte die Wahl auf einen Tee fallen, können wir zwischen *Cool Lime*, *Chamomile*, *Very Berry* oder *Iced Rooibos Brewed Tea* wählen, und all das gibt es in den Größen *Tall*, *Grande* oder *Venti*, wobei *tall* übersetzt »groß« bedeutet, bei *Starbucks* aber »klein« meint, während die beiden anderen sinnfreien Größenbezeichnungen nicht mal der Ami versteht.

Ein Bestellvorgang bei *Starbucks* ist ohnehin eine Wissenschaft für sich. Nicht selten wähnt man sich schon im Besitz eines *Venti Java Chip Light Frappuccino* und erhält doch einen *Coffee Frappuccino Light Blended Beverage*, weil der oder die oder das *Barista* (wie das Personal dort ordnungsgemäß gegendert heißt) etwas falsch verstanden oder man sich – noch wahrscheinlicher – eben mangels jahrelanger Erfahrung falsch ausgedrückt hat. Froh sein kann man nur, wenn man wenigstens auf *Soy Milk* oder *Non Fat Milk* verzichten darf!

Bald griff die Starbuckisierung der deutschen Sprache auch in anderen schnellgastronomischen Bereichen um sich: Es entstanden *Snack Points* oder *Food Factorys*, in denen wir außer *Coffee to go* auch *Bagels, Frosted Donuts, Muffins* und *BLT-Sandwiches* kaufen konnten und gegen deren aberwitzige Produktbezeichnungen selbst *McDonald's* wie ein Sprachwahrer wirkte. Allerdings nur, bis der Imbissgigant selbst ins Kaffeegeschäft einstieg: Seitdem gibt's auch dort heiß gebrühte Specials wie den *Mocha Frappé* oder den *Babycino* für die kleinen Gäste, und die dubiosen Größenangaben der Konkurrenz wurden sogar noch um das Wörtchen *regular* erweitert, was hier jedoch als »klein« ausgelegt wird, während *tall* bei *McDonald's* schon wieder der mittlere Becher ist.

Angesichts dieser linguistischen Verwerfungen alleine bei einer Kaffeebestellung bleibt uns nur der neidische Blick nach Österreich. Auch wenn in Wien natürlich ebenfalls längst die amerikanischen Ketten samt ihrer lästigen Begriffe Einzug gehalten haben: Die Kaffeehauskultur mitsamt ihrer Sprache als Gesamtheit ist dort zumindest Weltkulturerbe. Und darauf dürfen sich die Ösis ruhig einen gepflegten Kapuziner gönnen, unseretwegen auch mit Obers.

Weil nicht nur Jil Sander Bullshit redete

Mag sein, dass die Globalisierung eine Menge Vorteile mit sich brachte. Mag aber auch sein, dass die grenzenlose internationale Verflechtung viele Schwierigkeiten nach sich zog. So mussten beispielsweise unsichere und wenig sprachgewandte Menschen, die nicht einmal unfallfrei ihr Mittagessen in der Kantine bestellen konnten, plötzlich in Videokonferenzen mit Tokio, Buenos Aires oder London komplexeste Vorgänge so erklären, dass die Kollegen vor Ort es verstanden.

Solche Herausforderungen stellten freilich für viele Angestellte unüberwindbare Hürden dar, und schon bei einem normalen Sachbearbeiterposten in einer international tätigen Versicherung wurden eines Tages von den Bewerbern mindestens zwei Fremdsprachen und dazu ein oder zwei Jahre Auslandserfahrung erwartet. So mancher Karrierist wiederum war im Gegensatz dazu plötzlich derart global unterwegs, dass er schon mal vergaß, in welcher Sprache er in der Nacht überhaupt träumen sollte.

Besonders bemitleidenswert waren in diesem Zusammenhang Angehörige der Modebranche: Die mussten sich heute in New York verständigen können, morgen in Paris und übermorgen in Mailand. Und weil man da schon mal durcheinanderkommen konnte mit den verschiedenen Vokabularien, durfte man auch nicht jedes Wort auf die Goldwaage legen. Was allerdings die deutsche Edelschneiderin Heidemarie Jiline Sander geritten haben mag, als sie 1996 dem Magazin der *Frankfurter Allgemeinen Zeitung* ein Interview gab, wissen allenfalls die Götter. Vielleicht lag es am Jetlag, vielleicht auch daran, dass Jil Sander wirklich nicht mehr wusste, wo sie gerade war. Vielleicht war das, was sie sagte, aber auch einfach der Ausdruck eines fortschreitenden sprachlichen Verfalles unserer Gesellschaft, der seitdem nicht besser geworden ist. Jedenfalls sagte Frau Sander vor fast 20 Jahren Folgendes: »Mein Leben ist eine giving-Story. Ich habe verstanden, dass man contemporary sein muss, das future-Denken haben muss. Meine Idee war, die handtailored-Geschichte mit neuen Technologien zu verbinden. Und für den Erfolg war mein coordinated concept entscheidend, die Idee, dass man viele Teile einer collection miteinander combinen kann. Aber die audience hat das alles von Anfang an auch supported. Der problembewusste Mensch von heute kann diese Sachen, diese refined Qualitäten mit spirit eben auch appreciaten. Allerdings geht unser voice auch auf bestimmte Zielgruppen. Wer Ladyisches will, searcht nicht bei Jil Sander. Man muss Sinn haben für das effortless, das magic meines Stils.« So ein, mit Verlaub, Riesenmist von einer Person des öffentlichen Lebens, gedruckt in einer der angesehensten Zeitungen des Landes, war tatsächlich neu. Und derart beschämend, dass sich der Verein der Deutschen Sprache nach der Lektüre entschied, einen Negativpreis ins Leben zu rufen, der von diesem Zeitpunkt an alljährlich an denjenigen vergeben werden sollte, der besonders schlimmen Müll faselte oder unser Deutsch durch andere Aktivitäten herabwürdigte: den »Sprachpanscher des Jahres«.

Wer nun glaubte, dass sich die Juroren ein Jahr nach Jil Sanders kaum zu unterbieten, preisgekrönten Äußerungen schwertun könnten, einen Nachfolger zu finden, der sah sich getäuscht. Denn glücklicherweise trat Ron Sommer auf den Plan, zugegebenermaßen ein gebürtiger Israeli, aber eben auch damaliger Vorstandsvorsitzender der Deutschen (sic!) Telekom, die er gerade mit einer Tarifoffensive auf dem liberalisierten Telefonmarkt zu positionieren und vor allem innovativer als die verstaubte Bundespost aufzustellen versuchte. Sommer führte also den *Sunshine-Call* für Telefonate tagsüber und den günstigeren *Moonshine-Call* für Abendgespräche ein. Er machte das Ortsgespräch zum *Short-Distance-Call*, das nationale Ferngespräch zum *German-Call* und das R-Gespräch zum *Free Call*. Die Kunden verstanden die Welt nicht mehr, und dass von derartigen Substantivsudeleien im Unternehmen schon nach wenigen Jahren ebenso wenig übrig blieb wie von Herrn Sommer, sprach unter dem Strich dann doch für die Telekom.

In diesem Stile ging es weiter: In den Folgejahren bestand die Hauptarbeit für den Verein praktisch darin, aus den zahlreichen geeigneten Vorschlägen nur einen einzigen »Sieger« auszuwählen! Wenn Lufthansa-Vorstand Jürgen Weber davon sprach, der Vorteil des neuen *Stand-by Upgrade-Vouchers* liege darin, das *Ticket beim Check-in-Counter aufzuwerten,* wenn der Rektor der Ludwigs-Maximilians-Universität München seine Fakultäten ohne Not in *Departments* umbenannte, wenn Deutsche-Bank-Chef Rolf Breuer fabulierte: »Wenn der eine relationship-orientiert und der andere transaktionsorientiert gewesen wäre, dann hätte es einen Clash of Cultures gegeben«, oder wenn der Vorsitzende des Bundesverbandes Deutscher Bestatter als neuen Ausbildungsberuf ernsthaft den *Funeral Master* ins Leben rief, dann wurde deutlich, wie schlimm es wirklich um unsere Sprache stand.

Aussicht auf Besserung besteht in dieser Hinsicht eher keine: Vor zwei Jahren etwa wurde gar der Duden höchstselbst mit der ironischen Würdigung bedacht: Als Begründung gaben die Lingualbegutachter an, ausgerechnet das Standardnachschlagewerk unserer deutschen

Sprache trage dazu bei, dass sich sprachliches Imponiergehabe im Glanze einer quasiamtlichen Zustimmung sonnen dürfe. So schlage der Duden etwa die englische Bezeichnung *Soccer* als Synonym für *Fußball* vor. Angesichts dessen ist es verwunderlich, dass bei uns der *Eckball* immer noch *Eckball* heißt und nicht *Corner* wie in Österreich! Doch es gab in all den Jahren voller verdrießlicher Verbalhybridation auch kleine Hoffnungsschimmer: Mancher Prominente hatte anscheinend doch aus der bizarren Ausdrucksweise der ersten offiziellen deutschen Sprachpanscherin Jil Sander und ihren Nachfolgern gelernt. Reumütig bekannte etwa Georg Kofler, seinerzeit Vorstandsvorsitzender des Fernsehsenders *Premiere*, Anglizismen aller Art künftig abschwören zu wollen. Die seien, sagte er, »*doch alle Bullshit*«.

Weil die E-Mail vom Segen zum Fluch wurde

Dass wir uns heute keine flammenden Liebesbotschaften mehr schreiben, weil sie in einer digitalen Verpackung nicht annähernd so romantisch und nachhaltig wirken wie in einem zart duftenden Briefumschlag, haben wir ja schon festgestellt. Darüber kann man traurig sein. Aber die Wahrscheinlichkeit, dass wir uns auch ohne die technischen Möglichkeiten des Internets so anspruchsvoll die Treue schwören würden wie dereinst, ist ohnehin gering. Schon alleine, weil die Analphabetenquote in Deutschland heute beinahe zehnmal so hoch ist wie noch vor hundert Jahren, was vor allem soziale Gründe hat. Aber diese beunruhigende Entwicklung liegt eben auch daran, dass eine fehlerfreie Rechtschreibung und eine würdevolle Ausdrucksweise heute kaum noch eingefordert werden. Eine dienstliche E-Mail beispielsweise kann ohne Weiteres ein Dutzend Schreibfehler enthalten – der Empfänger wird diese trotzdem höchstwahrscheinlich anstandslos beantworten und den Verfasser nicht auf seine Mängel hinweisen.

Dabei erreichte die Elektropost überhaupt erst vor rund 30 Jahren deutschen Boden: Am Morgen des 3. August 1984, Fernschreiben und Telex hatten ihren Zenit bereits überschritten, erhielt der Informatiker Michael Rotert auf seinem Computer an der Karlsruher Fachhochschule eine etwas eigenartig anmutende Botschaft, die Grüße von einer amerikanischen Kollegin zum Inhalt hatte. Die Amerikaner arbeiteten schon seit Jahren an einem Projekt, Wissenschaftler an verschiedenen Universitäten elektronisch miteinander zu vernetzen. Nun, da das Verfahren endlich ausgereift war, sandten sie zur Probe ein paar nette Worte an ihren europäischen Kontaktmann. Diese allererste E-Mail, die einen PC hierzulande erreichte, war noch über einen Tag unterwegs gewesen und konnte weder Bilder noch sonstige Dateien transportieren. Aber sie gab schon mal einen Vorgeschmack darauf, was mit unserer Orthografie in den folgenden Jahrzehnten passieren würde: In der Betreffzeile stand *Wilkomen!*

Bis die Mail massentauglich wurde, dauerte es allerdings noch einige Jahre. Die erste Internetseite ging 1989 in Betrieb, Yahoo wurde 1994 gegründet, und die Deutsche Telekom bot ein Jahr später über ihr Tochterunternehmen T-Online erstmals Mailadressen an. Heute werden weltweit jeden Tag über 190 Milliarden E-Mails verschickt, und statistischen Hochrechnungen zufolge werden es in drei bis vier Jahren nochmals zehn Milliarden Mails mehr sein! Angesichts der Tatsache, dass geschätzt rund 3,5 Milliarden Menschen über einen Internetanschluss und damit über einen Mailzugang verfügen, lässt sich also leicht ausrechnen, dass jeder Nutzer im Schnitt 54 Nachrichten am Tag bekommt oder absendet. Dass diese Mengen unabhängig von all dem anderen Ärger über unangeforderte Werbung für Potenzmittel oder heimtückische Computerviren nicht folgenlos für unsere Sprache bleiben konnten, war klar.

Ein Beispiel: Früher klärten wir sowohl einen komplizierten geschäftlichen Sachverhalt als auch etwaige Differenzen in einer privaten Beziehung vorwiegend von Angesicht zu Angesicht. Dazu bedurfte es in manchen Fällen einer Menge Mut und auch einer guten Portion Durchsetzungsvermögen. Wenn etwa der Chef raste, weil er einen Vorgang nicht verstand, oder der Partner wegen der bevorstehenden Wochenendgestaltung durchdrehte, dann mussten wir – wollten wir uns in derartigen Situationen durchsetzen – einfach bessere Argumente finden als der andere. Das war eine gute Schule.

Seit dem kommunikativen Siegeszug der Mail aber sprechen wir nicht mehr gerne – und schon gar nicht unangenehme Dinge an. Stattdessen tippen wir unser Anliegen knapp in ein paar Zeilen und drücken auf *Senden*, womit die Angelegenheit fürs Erste beendet ist – zumindest so lange, bis wir eine Antwort erhalten. Anstatt konkret zu erklären, worum es uns ging, formulieren wir lieber jedes Mal aufs Neue ein paar kryptische Stichpunkte und hoffen darauf, dass der Empfänger versteht, was wir meinen. Und wenn er es nicht tut, dann schicken wir eben eine weitere Mail oder drücken gleich auf *Löschen*.

Seltsamerweise herrschte in einer E-Mail zudem von Beginn an grammatikalische Anarchie – auch zu den Zeiten, als wir noch nicht im Akkord nichtssagende Anfragen beantworten oder wenigstens ignorieren mussten. Womöglich lag diese Gleichgültigkeit daran, dass wir am Computerbildschirm nicht mehr so genau hinsahen wie auf Papier – niemand zuvor wäre darauf gekommen, einen wichtigen Brief abzuschicken, der von vorne bis hinten vor sprachlichen Anomalien strotzte. Bei einer Mail aber war es uns immer schon egal, ob *Wilkomen* mit einem »L« und einem »M« geschrieben wurde, ob in jedem dritten Wort ein Buchstabendreher enthalten war oder ob wir als *Frau Hock* angeschrieben wurden, obwohl unser Vorname auch ungegendert eindeutig auf ein anderes Geschlecht hindeutete.

Und je mehr Mails wir verfassten und entgegennahmen, desto wüster wurde es: Großbuchstaben schienen in der elektronischen Kommunikation förmlich unter Androhung von Strafe verboten zu sein, so selten kam sie noch vor. Ebenso das so originär deutsche »scharfe ß« oder gar ein Umlaut. Auch wenn der Absender nachweislich nicht an einer amerikanischen Computertastatur saß, lasen wir andauernd von *fussball* und *strassen*, von *laerm* und *glueck*. Dass sich derartige *unzulaenglichkeiten* in andere Bereiche *uebertrugen*, in Schulhefte und Bedienungsanleitungen, in Behördenschreiben und auf Ladenschilder, ist da nur konsequent: Wer vier Fünftel seines Schriftverkehrs per Mail ausübt, der kann auch im letzten Fünftel in dieser Hinsicht nicht mehr gerettet werden.

Wie tief das Kind schon in den Brunnen gefallen ist, zeigt die Tatsache, dass von vielen Anwendern nicht einmal der Begriff E-Mail richtig geschrieben wird! Ohne Bindestrich nämlich steht das Wort für einen Schmelzüberzug für Metallgegenstände. Beharrlich hält sich auch die Bezeichnung *das E-Mail*, obwohl man sich beim Artikel korrekterweise an der deutschen Übersetzung orientieren sollte (an was auch sonst), die nun mal, wie schon erwähnt, »elektronische Post« bedeutet. Von *das Post* jedoch dürften nicht einmal die schlimmsten Mail-Fehlerteufel je gehört haben. Wobei … vergessen wir's!

Weil der deutsche Schlager auch keine Lösung war

Rund 90 Prozent der im Radio gespielten Musik, so errechnete es vor einigen Jahren der schon erwähnte Verein der Deutschen Sprache, hat einen fremdsprachigen Text. Der konnte italienisch sein, spanisch oder natürlich englisch, was für uns normal gebildete Hörer manchmal tatsächlich den Vorteil hatte, dass wir kaum verstanden, welchen Quatsch etwa Popsängerin Rihanna von sich gab, wenn sie im Refrain ihres Nummer-1-Erfolges *Umbrella* unaufhörlich davon sang, dass wir endlich unter ihren Regenschirm kommen sollten. Und als die damals 16-Jährige Britney Spears ihren Liebhaber eindringlich aufforderte, sie nochmals zu *stoßen*, was nun einmal die wortgetreue Übersetzung von *Hit me one more Time* war, blieb selbst beim sittenstrengen Bayerischen Rundfunk die Aufregung aus. Auf Englisch ging das eben!

Darüber wunderten wir uns aber schon lange nicht mehr. Sicher – als Anfang der Achtzigerjahre die *Neue Deutsche Welle* das Land musikalisch überschwemmte, war deutschsprachige Musik schwer angesagt, obschon Textzeilen wie »Da Da Da ich lieb dich nicht du liebst mich nicht«, »Im Tretboot in Seenot treiben wir ins Abendrot« oder »Ich bin ja so verschossen in deine Sommersprossen« auch nicht gerade lyrische Meisterwerke waren. Aber immerhin sangen die Leute so, wie wir uns auch unterhielten, und eine Zeit lang war das toll! Auch wir wollten »Einmal nur mit Erika – oh oh oh – in einem rosa Luftballon« was auch immer machen.

Wie das aber so ist mit Wellenbewegungen – sie ebben naturgemäß schnell ab. Schon nach wenigen Jahren eroberte zunächst der *Elektro-Pop* die Musikszene, später *Techno, Hip-Hop, Grunge* oder *R 'n' B* – und das meiste, was wir nun im Radio oder den Diskotheken zu hören bekamen, wurde ganz bewusst nicht mehr auf Deutsch gesungen, gesampelt oder gerappt. Selbst ein einheimischer Interpret wie Drafi Deutscher (!) schämte sich nach 20 Jahren im Musikgeschäft für seine Muttersprache und besang als *Mixed Emotions* seine gemischten Gefühle auf Englisch.

Wir gewöhnten uns daran, dass die deutschen Lieder wieder dasselbe Nischendasein fristeten wie vor der NDW-Bewegung und höchstens ab und zu ein paar Exoten wie die Fantastischen Vier, Die Toten Hosen oder Xavier Naidoo in die Hitparade vorstießen. Der weitaus größere Anteil des einheimischen Liedguts war der Generation Heino vorbehalten, und niemand, der auch nur halbwegs cool war, begehrte gegen die Flut an englischer Musik auf.

In Frankreich, wo das Fremdsprachenniveau europäischen Bildungsstudien zufolge ohnehin so miserabel ist wie sonst nur noch in Albanien, Bulgarien oder dem Kosovo, hatte der damalige Innenminister Jacques Toubon schon vor 20 Jahren genug von den Ergüssen Elton Johns, Whitney Houstons und Michael Jacksons: Nach einer emotionalen öffentlichen Debatte verpflichtete Monsieur Toubon per Gesetz alle Radiostationen, mindestens 40 Prozent ihrer Sendezeit mit französischsprachiger Musik zu füllen, was bis heute so gehandhabt wird. Seitdem forderten zahllose konservative deutsche Politiker diese Quote auch für hiesige Rundfunkanstalten – vorwiegend in nachrichtenarmen Zeiten im Hochsommer. Der Gedanke ist natürlich charmant, allerdings drängt sich die Frage auf, ob das unserer Sprache tatsächlich nutzen würde.

Denn leider ist das, was uns deutsche Musikproduzenten seit Jahrzehnten an Texten vorsetzen, ebenfalls selten auch nur halbwegs geistreich. Woran das liegt, ist schwer zu sagen. Gerade in unserer vielseitigen Sprache wäre es mit ein bisschen Einfallsreichtum leicht möglich, einen gewissen Anspruch mit Unterhaltung in Einklang zu bringen – und einige Künstler wie Herbert Grönemeyer, Rosenstolz oder Die Ärzte taten dies in guten Momenten ja auch. Weil man zur Erreichung eines solch hohen Pflichtanteils nach französischem Vorbild allerdings höchstwahrscheinlich auch auf den Abgrund der deutschen Unterhaltung, die Schlagermusik, zurückgreifen müsste, bliebe den Radioredakteuren für den Fall eines entsprechenden Gesetzes nichts anderes übrig, als auch einen großen Teil jener Lieder zu berücksichtigen, deren poetische Tiefe der des *Bi-Ba-Butzemanns* nahekommt.

Schon der Wortschatz war von Beginn an stark eingeschränkt: Im durchschnittlichen deutschen Schlager von der Stange reimte sich das unentbehrliche *Herz* vor allem auf den *Schmerz*, weshalb denn auch in gefühlten 50 Prozent aller derartigen Stücke ein solch unmittelbarer Zusammenhang hergestellt wurde. Ganz ähnlich verhielt es sich mit *Kuss* und *Schluss*, mit *berühren* und *spüren* oder mit *Glück* und *zurück*. Und wenn die *Einsamkeit* auftauchte, dann war ihr Korrelat *nicht bereit* auch nicht weit.

Wenn ein einschlägiger Künstler ausnahmsweise von diesem Baukastensystem aus vielleicht Hundert und ein paar Phrasen abwich, konnte das jedoch unter Umständen noch größere Schmerzen verursachen: So brachte Michael Engels, besser bekannt unter seinem Künstlernamen Mickie Krause, den erstaunlich oft in Schlagern vorkommenden lateinamerikanischen Staat *Mexiko* nicht wie üblich mit *froh* oder *irgendwo* in Einklang, sondern mit *Po*. Das war neu, tat aber trotzdem weh – mindestens so sehr wie bei Ireen Sheer und Michael Wendler, die tatsächlich *Migräne* und *sehne* sowie *Nina* und *Fieber* sprachlich vereinten. Da musste dann schon die verwaschene Aussprache mithelfen!

Die verwendeten Schemata waren derweil trotz der im Deutschen wie in kaum einer anderen Sprache möglichen Vielfalt so simpel wie möglich: Meist handelte es sich um einen schnöden Paarreim, weil sich diese Versform nicht nur am leichtesten erstellen ließ – sie war für den Hörer auch am einprägsamsten. Aus diesem Grund hörten wir seit 60 Jahren praktisch ausschließlich nach dem System A, A, B, B produzierte Texte wie bei Andrea Berg (»Die Gefühle haben Schweigepflicht / Was ich für dich fühl, zeig ich nicht / Tausend Mal hast du mich berührt / Und jetzt ist es passiert«), Roberto Blanco (»Ein bisschen Spaß muss sein / Dann ist die Welt voll Sonnenschein / So gut wie wir uns heute verstehen / So soll es weitergehen«) oder der Münchener Freiheit (»Ohne dich schlaf ich heut Nacht nicht ein / Ohne dich fahr ich heut Nacht nicht heim / Ohne dich komm ich heut nicht zur Ruh / Das, was ich will, bist du!«).

Wer dieses Muster aufbrach wie etwa Udo Jürgens, der einst getreu der eher unüblichen, weil deutlich komplizierteren Konstruktion A, B, A, B, C, A dichtete: »Griechischer Wein / Ist so wie das Blut der Erde / Komm, schenk mir ein / Und wenn ich dann traurig werde / Liegt es daran, dass ich immer träume von daheim«, durfte sich schon zu den Avantgardisten der Branche zählen. Das machte die textliche Tristesse in ihrer epischen Gesamtheit aber auch nicht besser.

Thematisch indes stand seit jeher unangefochten und beinahe ausschließlich die Liebe im Vordergrund – und zwar in all ihren Ausprägungen wie Leidenschaft, Verlangen, Sehnsucht, Enttäuschung oder Eifersucht. Idealerweise schwang zu all dem noch eine Prise Exotik und Erotik mit, wenn auch sexuelle Handlungen niemals direkt angesprochen werden durften. Beherzigte man diese ehernen Regeln, konnte eigentlich kaum etwas schiefgehen!

Nehmen wir als Beispiel nur den Klassiker *Santa Maria* von Roland Kaiser, bei dem es sich um die deutsche Version eines italienischen

Nummer-1-Hits aus dem Jahr 1980 handelte. Kaiser hatte seine ursprüngliche Übersetzung als Parabel über die Entdeckung Amerikas durch Christoph Kolumbus angelegt – handelte es sich bei der *Santa Maria* doch um das Flaggschiff, das Kolumbus' Reisegruppe 1492 in die Neue Welt brachte. Die Plattenfirma winkte ob dieses ungewohnten Anspruches jedoch dankend ab, und der beleidigte Barde rotzte in den folgenden Tagen einen Text herunter, der so lächerlich klang, dass der Sänger selbst fest davon ausging, damit bei der erneuten Präsentation hochkant aus dem Büro zu fliegen.

Er dichtete: »Santa Maria, Insel wie aus Träumen geboren, ich hab meine Sinne verloren, in dem Fieber, das wie Feuer brennt.« Anschließend besang er die nächtliche Entjungferung einer mutmaßlich minderjährigen Einheimischen und wie er sich am nächsten Morgen wieder vom Acker machte. Und was soll man sagen: Die Plattenfirma war begeistert! Diese Handlung hatte nun alles, was ein erfolgreicher Schlager brauchte: Liebe im Sinne von Verlangen, Sehnsucht und angedeuteter Sexualität. Dass das Ganze irgendwo in einem fernen Land spielte, rundete die Angelegenheit ab, und *Santa Maria* platzierte sich wenige Wochen nach der Veröffentlichung auf Nummer 1! Kein Wunder, dass auch Roland Kaiser danach keine Lust mehr auf ambitionierte Texte verspürte, wenn es so doch sehr viel leichter ging.

Gäbe es also auch bei uns die Verpflichtung, annähernd die Hälfte der Musikauswahl mit einheimischem Liedgut zu gestalten, würden wir uns beim Anschalten des Radios außer *Santa Maria* auch mit ziemlicher Sicherheit fortlaufend Stücken wie *Ein Stern, der deinen Namen trägt*, *Verdammt, ich lieb dich* oder dem *Lied der Schlümpfe* ausgesetzt sehen – schließlich handelt es sich bei den drei Letztgenannten um die meistverkauften deutschsprachigen Lieder aller Zeiten! Ob uns das aber zu einer größeren Kreativität im Umgang mit unserem eigenen Deutsch anregt, das müsste erst noch von Experten bewiesen werden. Der Trompetenschlumpf fängt an!

Weil uns die Bahn zum Infopoint schickte

Wir waren nie große Bahnfahrer. Aber einmal im Jahr, immer zu Ostern, saßen wir mit unseren Eltern im Zug nach Hamburg, um von dort aus auf die weitgehend autofreie Insel Föhr weiterzureisen. Bis auf die Bezeichnung *InterCity,* die es schon seit 1968 gab und die irgendwie moderner und schneller klang, als das Ding eigentlich aussah und fuhr, war, sprachlich gesehen, alles im grünen Bereich: Wir kauften unsere Fahrkarten am Fahrkartenschalter, speisten Frankfurter Würstchen oder Kartoffelsuppe im Speisewagen und freuten uns, wenn der Lokführer nach sieben Stunden Fahrt endlich durchsagte, dass wir nun den Bahnhof Niebüll erreichten. Fahrten mit der Deutschen Bundesbahn waren urdeutsch.

Dann kam Johannes Ludewig. Zwar fing schon ein paar Jahre vor der Amtszeit des einstigen Staatssekretärs dessen Vorgänger Heinz Dürr an, verschrobene Begriffe zu kreieren – so erfand Dürr die sogenannten *21er Bahnhofsprojekte* oder benannte den neuen Schnellzug *ICE.* Allerdings dürfte die Aufgabe, aus einem hoch subventionierten Staatskonzern ein profitables Privatunternehmen zu machen, auch nicht gerade einfach gewesen sein, weshalb wir Herrn Dürr aus der linguistischen Verantwortung nehmen wollen.

Ludewig aber schuf in nicht einmal drei Jahren Amtszeit ein spezifisches Schaumschlägervokabular, das in der deutschen Wirtschaftsgeschichte seinesgleichen suchte: Erst wandelte er die Schalter zu *Countern* um. Dann schuf er den *ServicePoint*, an dem die Kunden im Bahnhof Auskünfte erhalten sollten und an dem statt Broschüren nur mehr *Flyer* auslagen. Die Wartesäle wurden zu *DB Lounges* umfunktioniert, die Telefonauskunft zur *Hotline*. Und in diesem Stil ging es auch nach Ludewigs Amtszeit weiter. Hinweisschilder und Durchsagen wurden zweisprachig, manchmal allerdings ließ die Bahn die deutsche Bedeutung lieber gleich weg. Es ging so weit, dass die Bahnhofsklos zu *McClean*-Anlagen umgebaut und die Kurzzeitparkplätze zu *Kiss and Ride*-Zonen umgewidmet wurden, obwohl dort zumindest in unserer Stadt vorwiegend misslaunige Taxifahrer warteten, die sicher keiner zum Abschied küssen wollte.

Selbst Steve Rosenberg, seines Zeichens Reporter der britischen *BBC,* wunderte sich während einer mehrtägigen Bahnreise quer durch Deutschland über die vielen englischen Begriffe, die ihm im Zug und an den Bahnhöfen dabei begegneten. Dass der *ServicePoint* in seiner Heimat *help desk* hieß, war da noch nicht einmal das Befremdlichste für den Journalisten. Vor allem, dass auf den Fahrkartenautomaten lediglich das Wort *cancel* erschien, wenn man einen Vorgang abbrechen wollte, irritierte ihn. Dies setze doch bei der Anwendung zumindest passable Grundkenntnisse der englischen Sprache voraus, über die sicher nicht alle hiesigen Bahnfahrer verfügten, staunte Rosenberg.

Wir bemerkten ebenfalls, dass da sprachlich etwas aus dem Gleis geraten war. Immer noch fuhren wir in den Osterferien an die Nordsee. Allerdings konnten wir schon lange keine Fahrkarten mehr für die Reise kaufen, sondern mussten uns *Tickets* besorgen. Im zum *BordBistro* umgestalteten Speisewagen gab's der neuen Internationalität zuliebe nun

Sachen wie *Sandwiches* oder eine *Baked Potatoe mit Sour Cream*, und als wir in Niebüll ankamen, erklärte uns der Zugführer allen Ernstes: *»Ladies and Gentleman, we now arrive Niebüll.«*

Stunden zuvor, in Kassel, Hannover und Hamburg, hatten wir noch ein Auge oder besser gesagt: ein Ohr zugedrückt, denn in Großstädten mochte es noch halbwegs sinnvoll sein, wenn die Fahrgäste auf Englisch informiert wurden, dass der Zug nun angekommen war. Schon in Göttingen wurde die Durchsage dann unfreiwillig komisch. Aber *»we now arrive Niebüll«* – das war zu viel. Die Bahn hatte sich vollends lächerlich gemacht. Da half auch das berühmt gewordene Dankeschön *»Thank you for travelling«* nichts mehr, vor allem dann nicht, wenn derjenige, der es durch die Lautsprecheranlage in die Waggons hineinschrie, gar kein Englisch konnte.

Doch nicht nur nach außen hin kommunizierte der Weltkonzern jetzt lieber in der Weltsprache – auch im internen Sprachgebrauch hielt die englische Diktion in allen Unternehmensbereichen Einzug. *Travel Management, Mobility Networks, Essential Services and Logistics, Investor Relations, Stakeholderdialog* – sagenhafte 2200 Begriffe umfasste das Glossar, das Ludewigs Nachnachfolger Rüdiger Grube vor einigen Jahren erstellen ließ – und das die Mitarbeiter des Konzerns anhielt, doch bitte schön wieder deutsche Begriffe anstelle der aufgeführten Anglizismen zu benutzen.

So lobenswert Grubes Vorstoß auch sein mag: Trotz aller Eigeninitiativen besteht nicht die Aussicht, dass sich unsere Bahn auf absehbare Zeit vom sprachlichen Saulus endgültig zum Paulus wandelt: Die *BahnCard* wird auch weiterhin *BahnCard* heißen, und die *DB Lounge* sowie der *Intercity Express* behalten selbstverständlich ebenso ihre Namen wie das Mietfahrradsystem des Unternehmens. Das heißt schon seit seiner Einführung: *Call a Bike*!

Weil RTL2 auf Sendung ging

Schon seit den frühen Fünfzigerjahren, als der Fernseher nach und nach von den Schaufenstern der Radiogeschäfte in die deutschen Wohnzimmer gelangte, gab es mannigfaltige Befürchtungen, die Glotze ruiniere auf Dauer unseren Geist: Mancher Forscher vertrat die These, der Fernsehkonsum stumpfe vor allem das kognitive Denkvermögen ab, weil in absehbarer Zeit niemand mehr ein Buch lesen und diesen Bereich des Gehirns somit ausreichend beanspruchen würde. Andere Neurologen vermuteten, zu viele bewegte Bilder schadeten auf Dauer vorwiegend der Konzentrationsfähigkeit. Einig waren sich die Experten jedenfalls, dass sich beide Szenarien negativ auch auf das Sprachvermögen auswirken könnten. Und was sollen wir sagen – die Leute behielten recht!

Dabei barg das, was vor sechs Jahrzehnten von der bis zur Gründung des ZDF 1963 einzigen deutschen Sendeanstalt ausgestrahlt wurde, im Vergleich zum heutigen Angebot, objektiv gesehen, kaum Gefahren für den durchschnittlichen Intellekt: Das Eröffnungsprogramm der ARD bestand aus ein paar langweiligen Ansprachen, der Übertragung der DFB-Pokalpartie FC St. Pauli gegen Hamborn 07, zwei harmlosen

Fernsehspielen, der allerersten Tagesschau und einem launigen Spieleabend mit Peter Frankenfeld. Und nach gerade einmal zwei Stunden Sendezeit pro Tag war der Bildschirm jeweils um Punkt 22 Uhr wieder schwarz. Mehr war nicht. Mit dem bisschen TV konnte man sich seine Birne sicher nicht weich gucken.

Doch das war natürlich nur der Anfang. Schnell fanden die Deutschen Gefallen an der Flimmerkiste: Hatten im Jahr 1952 lediglich 300 Privathaushalte einen Fernseher angemeldet, waren es acht Jahre später schon über drei und 1965 dann bereits zehn Millionen! Der Hauptgrund für die immer billiger werdende Anschaffung war klar: Fast zwei Drittel der Zuschauer gaben in einer Umfrage aus dem Jahr 1955 an, sich vom TV einfach unterhalten lassen zu wollen. Nur ein knappes Zehntel nannte als wichtigsten Beweggrund, mit einem Fernseher besser am Zeitgeschehen teilnehmen zu können.

Also taten die Verantwortlichen, wie ihnen vom Volk geheißen wurde: Sie bemühten sich, die Menschen zu unterhalten. 60 Prozent des Programms von 1960 bestand laut *Statistischem Jahrbuch* bereits aus Unterhaltungsformaten. Diese freilich waren damals noch ein gutes Stück weit davon entfernt, die Menschen wirklich nachhaltig verblöden zu können. Doch die *Hörzu* schlug kurz darauf trotzdem vorsorglich Alarm: In der Ratgeberkolumne *Unser Hausarzt hat das Wort* warnte die Zeitschrift 1963 davor, dass übermäßiger Fernsehkonsum dem geistigen und seelischen Zustand unserer Kinder schade. Ob diese Mahnung angesichts von seinerzeit üblichen Sendungen wie dem *Fernsehballett*, der *Kleinen Akademie* oder *Luis Trenkers Erzählungen* wirklich ernst zu nehmen war, darf man aber bezweifeln.

Auch in unserer eigenen Kindheit stellten wir gute eineinhalb Jahrzehnte später angesichts der durchaus regelmäßigen Inaugenscheinnahme von *Biene Maja*, *Heidi* oder *Spaß am Dienstag* keine merkliche Verschlechterung unseres Denkvermögens fest, obwohl wir uns von einem lispelnden Hasen die Welt erklären ließen. Im Gegenteil: Dank der *Sesamstraße* lernten wir Woche für Woche sogar einen neuen Buchstaben dazu und hatten so, Schlemihl sei Dank, am ersten Schultag einen erheblichen Informationsvorsprung gegenüber allen Nichtsehern.

Was aber in den Jahren danach passierte, als zu ARD, ZDF und Dritten immer mehr Sender hinzukamen, das hätte den *Hörzu*-Hausarzt wahrscheinlich in den Suizid getrieben, hätte dieser die Entwicklung auch nur ansatzweise vorausgesehen. Dabei wurde das Privatfernsehen von der konservativen Bundesregierung 1984 eigentlich nur deshalb eingeführt, um die »kulturelle Vielfalt in Deutschland voranzutreiben«, wie es bedeutungsvoll im entsprechenden Staatsvertrag hieß. Nun, 30 Jahre nach dem Startschuss für RTL plus und Sat1, lässt sich leider festhalten, dass dieses Vorhaben granatenmäßig in die Hose gegangen ist! Und unsere arme *Heidi*, die *Biene Maja* oder die *Sesamstraße* wirken wie aus der Zeit gefallen.

Alles fing noch vergleichsweise harmlos an – mit ein paar nackten Brüsten und einem überdrehten Moderator, der uns pubertierenden Pickelgesichtern mit deutlich mehr Gesten als Worten *Tutti Frutti* präsentierte, sowie einem radebrechenden Italiener, der die wenigen Werbepausen durch ein Hütchenspiel auflockerte. Das Problem waren in den Folgejahren auch nicht jene fußhohen Sendungen wie *Gute Zeiten, schlechte Zeiten*, in denen die Dialoge von Beginn an die Tiefe einer Regenpfütze besaßen, oder *Der heiße Stuhl*, auf dem sich nur derjenige argumentativ behaupten konnte, der seine Parolen am lautesten schrie. Und auch wegen der eins zu eins aus den USA kopierten »Gameshow«-Konzepte wie *Familienduell, Ruck Zuck, Jeopardy* oder *Der Preis ist heiß* ist wahrscheinlich keine einzige Hausfrau in Deutschland dümmer geworden.

Das größte Problem war, dass das Privatfernsehen irgendwann den Idioten in unserem Land ein riesiges Forum gab – und augenscheinlich gab es deutlich mehr Idioten, als wir dachten. Die Degeneration des TV-Programms begann mit Hans Meiser, der ab 1992 tagtäglich noch vergleichsweise gesittet über schwerwiegende Alltagsprobleme wie »Ich bin gefangen in einer Sekte« oder »Ich liebe Jürgen Drews« plaudern ließ. Weil aber die Einschaltquoten der Sendung alle Erwartungen übertrafen, taten die Macher des Kommerzfernsehens das, was sie am besten konnten: Sie klauten bei sich selbst. Binnen weniger Jahre war der Nachmittag voller Vor- oder Nachnamen, die der Einfachheit halber gleich den jeweiligen Sendungstitel bildeten: *Ilona Christen, Bärbel Schäfer, Arabella, Lindenau, Vera am Mittag, Kerner, Birte Karalus, Andreas Türck* oder *Sonja* nahmen sich der Sorgen vorwiegend arbeitsloser, trunksüchtiger, essgestörter und sexuell traumatisierter Männer und Frauen an, die ihr Herzensanliegen vor den Kameras ausbreiten durften.

Nicht immer verstanden wir, was die Betroffenen genau meinten, wenn sie sich über Themenkomplexe wie »Mutti hat mir meinen Freund ausgespannt«, »Mein Papa treibt's mit meiner Frau, weil ich ihr zu dick bin« oder »Hilfe, meine Eltern sind pervers« ausließen, während weitaus drängendere Sachfelder wie »Mein Stiefvater geht niemals ins Theater«, »Alarm – wir haben keinen Platz für unsere drei Bücher« oder »Ach Menno: Mein Wortschatz tut nur 500 Wörter haben« leider unbehandelt blieben. Weil aber bisweilen sogar der Gastgeber der Sendung kein Wort Deutsch konnte wie im Fall des hyperaktiven, menschgewordenen Lockenstabes Ricky Harris, war das nicht weiter von Belang.

Just als wir dachten, das Niveau hätte seinen Tiefpunkt erreicht, trat RTL2 auf den Plan und beglückte uns mit der kameraüberwachten Wertstofftonne für einfach strukturierte Profilneurotiker: Mit *Big Brother* brachen im Jahr 2000 verstandesmäßig endgültig alle Dämme. Noch bevor die Bewohner des TV-Containers Shakespeare für eine Pils-Sorte hielten, schaffte es auf diesem Sender zudem mit Verona Feldbusch die erste Frau auf einen Bildschirm, die nicht einen einzigen Satz fehlerfrei sprechen konnte. Der Boden für ganz neuartige Fernsehkarrieren war geebnet.

Heute kann der deutsche Normalseher neben den öffentlich-rechtlichen Sendern aus 17 privaten Fernsehvollprogrammen, 45 privaten Spartensendern und 77 Pay-TV-Angeboten auswählen, zu denen noch

261 landesweite regionale oder lokale Fernsehsender hinzukommen. Dass bei so viel Auswahl auch viel Mist ausgestrahlt wird, versteht sich von selbst. Dass kaum noch eine Ausstrahlung von Sat1 bis Vox, von Sixx bis Comedy Central und von RTL Nitro bis Pro7 Maxx einen deutschen Titel hat, geht angesichts der Schwemme an dümmlichen Dokutainment-Formaten schon beinahe als sprachlicher Kollateralschaden durch. Warum jeder neue Sendeplatz mit Titeln wie *Hell's Kitchen, Hotter than my Daughter* oder *I like the 90's* belegt werden muss und nicht *In Teufels Küche, Heißer als meine Tochter* oder *Ich mag die Neunziger* heißen darf, wird dennoch das ewige Geheimnis der Programmchefs bleiben. Besser wird der Inhalt dadurch jedenfalls auch nicht.

Viel schlimmer aber als der bloße Name wiegt, dass *Secret Millionaire, Frauentausch, Teenie-Mütter, Der Bachelor* oder *Family Stories, Bauer sucht Frau, Die Super Nanny, Köln 50667, Traumfrau gesucht* oder *Ich bin ein Star, holt mich hier raus* eine fatale Vorbildwirkung für Millionen an Zuschauern besitzen. Viele von ihnen können während ihres mehr als vier Stunden täglichen TV-Konsums nicht mehr zwischen Gut und Böse, richtig und falsch oder blöd und saublöd unterscheiden. Wer aber nur oft genug aufgezeigt bekommt, dass man auch als ungelernter Hilfsschüler reich und berühmt werden kann, wenn man sich nur 24 Stunden lang von einem Kamerateam begleiten lässt, wird möglicherweise keine großen Anstrengungen mehr unternehmen, an seiner Bildung zu arbeiten. Schade nur, dass nicht jeder Hauptschulabbrecher mit Migrationshintergrund eine Rolle in *Berlin Tag und Nacht* angeboten bekommt oder es in die Mottoshows von *Deutschland sucht den Superstar* schafft!

»Unhöflichkeiten, Beleidigungen, Demütigungen und Erniedrigungen, (...) Slang und Gossensprache, lautstarker Zank und verbaler Krawall um das Rederecht bei außer Kraft gesetzter Diskussionskultur, rechthaberische Streitereien um (oft dümmliche) Alltagsthematiken, Provokation und Anmache« – das sind die prägnantesten Eigenschaften, wie die Universität Kiel sie dem sogenannten Reality-TV zuschreibt, das heute das Unterhaltungsgenre dominiert. Angesichts dieses so treffenden wie ernüchternden Urteils brauchen wir uns nicht zu wundern, dass sich auch unsere allgemeine Umgangssprache der Ausdrucksweise der *Wollnys* anpasst.

Immerhin sind die meisten Zuschauer jener Formate Kinder und Jugendliche. Die aber sind aus entwicklungspsychologischer Hinsicht noch wesentlich offener für äußere Einflüsse als jeder Erwachsene. Wenn aber inzwischen die Hälfte aller zwölf- bis 14-jährigen Mädchen den Berufswunsch Model hat und sich über 30 Prozent der Schüler wünschen, einmal im Dschungelcamp auftreten zu dürfen, dann dürfte ausnahmsweise die Agonie unserer Sprache noch eines der kleinsten Probleme in diesem Zusammenhang sein!

Weil wir die SMS entdeckten

Für viele Jüngere muss man es ab und zu betonen, zumindest zur Sicherheit: Ja, menschliches Leben existierte auf diesem Planeten schon vor der Erfindung des Mobiltelefons! Und auch wenn es für viele Kinder und Jugendliche kaum noch vorstellbar erscheinen mag: Die bemitleidenswerten Angehörigen dieser trostlosen kulturgeschichtlichen Epoche, die aus heutiger Sicht gefühlt irgendwo zwischen Pleistozän und Mittelbronze angesiedelt sein musste, konnten trotzdem prächtig miteinander kommunizieren. Es grenzte an ein Wunder!

Heute verschicken wir alleine in Deutschland täglich über 170 Millionen SMS; sogenannte Messaging-Dienste wie *WhatsApp* noch nicht einmal mit eingerechnet! Besonders aktiv sind dabei einer amerikanischen Studie zufolge – wer hätte es gedacht – Jungen und Mädchen zwischen zwölf und 17 Jahren, die pro Tag im Schnitt an die 100 SMS senden und natürlich empfangen. Weil aber die andauernde Tipperei im Bad, im Bus, in der Schule, in der Pause, auf dem Nachhauseweg, am Esstisch, vor dem Fernseher, am Schreibtisch und im Bett eine ganze Menge Zeit kostet und dummerweise die SMS-Entwickler die Kurznachricht ihrem Wortsinn entsprechend auf armselige 160 Zeichen beschränkt haben, mussten wir uns etwas anderes einfallen lassen, um uns mithilfe der kleinen Telefontexte auszudrücken. Also erfanden wir die SMS-Sprache, die *Text Speak*.

Eines der Hauptcharakteristika jener neuartigen Ausdrucksweise schien zu sein, dass – ähnlich wie bei den artverwandten E-Mails – ein Verzicht auf jegliche Interpunktionsregeln sowie die Großschreibung zwingend erforderlich war. Wir lasen nun auf unserem winzigen Nokia-Display monströse Satzkonstruktionen wie »hey wie geht's bin gleich da war ganz schön stressig den zug zu erwischen mach schon mal den wein auf« und hatten Mühe, uns überhaupt durch diesen Buchstabenwust hindurchzunavigieren. Doch die fehlenden Kommata und ein paar kleingeschriebene Nomen waren wirklich nur die Spitze des Eisberges.

Im Laufe der Jahre wurde es in Sachen Übersichtlichkeit noch weitaus schlimmer. Erst fehlten regelmäßig nicht unwesentliche Satzteile wie wahlweise Subjekt oder Objekt, oftmals das Prädikat und ganz sicher grundsätzlich die Präposition, und wir erschlossen erst nach jahrelanger Übung, dass Lingualfetzen wie »na heut a. kino« die konkrete Frage bedeuten sollte, ob wir tatsächlich an dem schon länger besprochenen gemeinsamen Plan festhalten wollten, am Abend den neuen Tom-Hanks-Film anzusehen.

Plötzlich tauchten dann auch noch zunächst völlig undurchsichtige Verschlüsselungen in den SMS-Botschaften auf. Erst waren es nur scheinbar willkürlich zusammengesetzte Punkte, Striche und Klammern, die offenbar signalisieren sollten, dass der Absender gute oder schlechte Laune hatte, traurig war oder etwas komisch fand. Als wir das begriffen hatten, kamen alsbald die Kürzel hinzu: *GLG* hieß zum Beispiel »Ganz liebe Grüße«, *BB* »bis bald«, *CU* »Wir sehen uns«, *GN8* »Gute Nacht«, und *LOL* zeigte uns an, dass sich der Verfasser der SMS gerade kaputtlachte, was recht häufig vorkam. Wir lasen *WAUDI* und mussten erst mal googeln, dass das kein neuer Kleinwagen war, sondern lediglich »Warte auf dich« ausdrücken sollte.

Nun haben wir noch einigermaßen umfänglich ab einem Alter von knapp elf Monaten sukzessive erst das Sprechen erlernt, ein paar Jahre später dann das Lesen und schließlich das Schreiben. Unsere erste SMS haben wir dagegen, Gnade der frühen Geburt, mit vielleicht Mitte 20 verfasst. Wir hatten also gute zwei Jahrzehnte Zeit, an halbwegs ordentlichen Formulierungen zu arbeiten. Mit *GLG*, *LOL* und *WAUDI* jedenfalls kamen wir nicht nur in der Schule keinen Schritt weiter.

Trotzdem stellen wir auch bei uns schon erste Auswirkungen dieser *Text Speak* fest, die schon aus reiner Gewohnheit mehr und mehr auch in anderen Bereichen des Alltags eingesetzt wird. Erst neulich ist uns ein *Schönes WE* in eine ganz und gar altmodische und handschriftlich verfasste Postkarte an die Eltern hineingerutscht. Natürlich unterhält sich auch heute kein halbwegs normaler Mensch in solchen kruden SMS-Codes mit seinen Freunden oder seinen Kollegen. Was aber wirklich mit der Artikulations- und Sprachfähigkeit jener Kinder passiert, die ihr erstes Funktelefon bereits zum achten Geburtstag geschenkt bekommen, damit sich der kleine Noah-Elias immer schön bei Mami melden kann, wenn er in der großen Pause nach ihr Sehnsucht hat, das lässt sich noch gar nicht absehen – die Forscher sind sich hier noch uneins. Zumindest höllisch schwertun, einen ordentlichen Aufsatz ohne Kürzel, Kommafehler und Smileys zu verfassen, dürfte sich ein solches Kind auf jeden Fall.

Doch auch auf unsere Kommunikationskultur insgesamt wirkte sich die SMS nicht gerade positiv aus. An einem gewöhnlichen, sagen wir mal, Freitagabend vor 20 Jahren sah unsere kleine Welt folgendermaßen aus: Wir wählten vom heimischen Festnetztelefon (grün, mit Wählscheibe) die Nummer unseres besten Kumpels, besprachen knapp, was wir unternehmen wollten, und legten fest, wer wem noch Bescheid sagen sollte. Eine knappe Stunde später standen vier, sechs, manchmal acht Leute zur vereinbarten Zeit am vereinbarten Treffpunkt – und niemand wunderte sich, wie das wohl funktioniert hatte.

Mittlerweile erhalten wir drei Minuten vor unserer schon vor Tagen mittels mehrerer Dutzend hin- und hergeschickter SMS fixierten Verabredung eine SMS von einem Freund, der noch im Stau steckt, eine weitere von einem anderen Bekannten, der soeben die Straßenbahn verpasst hat, und eine dritte von jemandem, der uns mitteilt, sich nun doch kurzfristig umentschieden zu haben. Wir erhalten SMS von Freundinnen, die uns knapp mitteilen, eine Auszeit von der Beziehung zu brauchen. Wir kriegen SMS vom Chef, der uns nüchtern beauftragt, die Quartalsberichte bis Montag durchzusehen. Wir empfangen SMS von Nachbarn, die spätabends anmahnen, den Fernseher leiser zu stellen. Es ist, als würde die Kurznachricht vor allem jenen Teil der Kommunikation ersetzen, der Mut erfordert: Aufrichtigkeit und Anstand. Was die ganze Sache nicht besser macht.

Und so simsen wir uns, linguistisch gesehen, in den Untergang und verlernen gleichzeitig, offen und ehrlich miteinander zu reden. In der SMS-Sprache würde man wahrscheinlich texten, dass es sich hierbei um ein *EDV* handelt, ein *Ende der Vernunft. SNIF!* Dabei hat uns Johann Wolfgang von Goethe, der nachweislich kein Handy besaß, einst einen recht klugen Satz mit auf den Weg gegeben, indem er den Theaterdirektor Serlo zu seinem Freund Wilhelm Meister sagen ließ: »Man sollte alle Tage wenigstens ein kleines Lied hören, ein gutes Gedicht lesen, ein treffliches Gemälde sehen und, wenn es möglich zu machen wäre, einige vernünftige Worte sprechen.« Dass wir diesen Ratschlag heute noch beherzigen, kann sich Goethe allerdings abschminken. Denn der Satz hat leider 181 Zeichen!

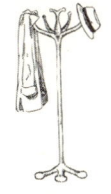

Weil der Schlussverkauf zum Sale wurde

Damit wir uns nicht falsch verstehen: Natürlich unterliegt jede Sprache auch einem steten Wandel. Wenn wir also unseren Ururgroßeltern, die den Familienaufzeichnungen zufolge einen kleinen Kolonialwarenladen etwas abseits der Innenstadt besaßen, vor knapp 140 Jahren ein paar Minuten bei der Bedienung ihrer Kundschaft zugehört hätten, dann hätten wir gegebenenfalls nicht jedes Wort verstanden. Trotzdem hat sich auch Ende des 19. Jahrhunderts kein Mensch so unterhalten, wie etwa ein Christian Morgenstern geschrieben hat. Die Umgangssprache war bisweilen derb, oft verknappt, gerne geradeheraus, so wie sie es heute auch ist. Allerdings verwendeten die Leute normalerweise ein deutsches Wort, wenn es für irgendetwas ein deutsches Wort gab. Heute machen wir das leider nicht mehr so gerne.

Es war das Jahr 1950, als das Bundeswirtschaftsministerium die neue *Verordnung über Sommer- und Winterschlussverkäufe* beschloss, wonach der Einzelhandel künftig zweimal im Jahr, jeweils in der letzten Januar- und der letzten Juli-Woche, eine umfangreiche Rabattierung seines jahreszeitspezifischen Sortiments vornehmen durfte. Und weil, wie wir ja bereits festgestellt haben, viele Beamte in diesem Land gerne vieles reglementierten, wurde mit der *Reform des Gesetzes gegen den unlauteren Wettbewerb* genau 54 Jahre später der saisonale Schlussverkauf wieder abgeschafft. Was allerdings kein Ministerium jemals regeln wollte oder konnte, war das Verbot unsinniger englischer Wörter – vor allem im Bereich des Handels.

Nun haben wir keinen gesetzlich geregelten Schlussverkauf mehr. Dafür aber einen *Sale*. Irgendwann kurz nach der Abschaffung von SSV und WSV ist er über uns hereingebrochen. Als wir den roten Schriftzug zum ersten Mal sahen, dachten wir noch, ein Spezialgeschäft für Salze aller Art würde dort eröffnen – oder ein Filialist, der seinen Firmensitz im sachsen-anhaltinischen Halle und bei der Herkunftsbezeichnung ein »a« vergessen hat. Aber dem war nicht so, es handelte sich weder um die liebe, alte Saale noch um das italienische Wort für Natriumchlorid. Sondern um die englische Übersetzung für den ganz profanen »Verkauf«. Wer Englisch konnte, bekam folglich mitgeteilt, dass in all den *Sale*-Läden etwas verkauft wurde. Na prima!

In den darauffolgenden Jahren wichen immer mehr deutsche Bezeichnungen dem neuen *Sale*: Es gab keinen Nachlass mehr, keine Reduzierung, keinen Ausverkauf und keine Ermäßigung. Sondern einen *Super-Sale*, einen *Pre-Sale* oder *Midseason-Sale*, einen *X-Mas-Sale* und einen *Easter-Sale*. Es war, als fühle sich jeder Inhaber einer schlecht laufenden Übergrößenboutique in B-Lage geradezu verpflichtet, ein paarmal im Jahr einen solchen Sums auf sein Schaufenster kleben zu müssen; verbunden mit grafischen Spielereien wie bunten Sternchen, plakativen Prozentzeichen, skizzierten Ballons, Pfeilen, Raketen und gar Bomben. Der allgegenwärtige *Sale* wurde, man konnte es nicht anders sagen, zu einer echten Landplage!

Doch mit ihm allein war es leider längst nicht getan: Der gemütliche Bummel in einer durchschnittlichen deutschen Innenstadt wurde binnen weniger Jahre zu einer grotesken Rundreise durch den gesamten angloamerikanischen Sprachraum. Schon alleine deshalb, weil es offenbar keine Warenhäuser mehr zu geben schien, sondern nur noch *Mega-Shops, City-Malls, Shopping-Center* oder *Outlets,* und alles, was mehr als 100 Quadratmeter Verkaufsfläche besaß, wurde auf einmal und grundsätzlich als *Flagship Store* bezeichnet.

Die Schilder am Eingang der Shops und Stores zeugten davon, dass gerade *open* war, andernfalls hätten wir auf einem lustigen Blechschild hinter den verschlossenen Türen zu lesen bekommen: »*Sorry, we're closed*«. Die Begriffe *Männer, Frauen* und *Kinder* existierten drinnen auch nicht mehr, dafür berichteten die Wegweiser von der *Men's Division*, dem *Women's Department* sowie der *Kids Zone*. Unsere Jahreszeiten wurden zu *Spring, Summer* und *Fall,* und dass der Modewinter ebenfalls recht englisch war, merkten wir an der *Collection.*

Bei den Textilien wichen die Normalgrößen dem *Classic Fit,* enger geschnittene Kleidungsstücke wurden in *Custom Fit* oder *Slim Fit* umbenannt, und wer für das alles schlichtweg zu dick war, für den erfand man irgendwann den *Easy Fit.* Alteingesessene Schuhgeschäfte wurden zu *Shoe Worlds,* und vor lauter *Specials* bekamen wir gar nicht mit, wo es über all 10, 20 oder gar 30 % *Off* auf den *Price* gab.

Nicht einmal in England oder den USA selbst hängt heute so viel englischsprachige Reklame in den Städten herum wie bei uns. Es gibt kein Entrinnen mehr. Der *Sale* hatte der *Trendy Wear,* den *Urban Outfits* und den *New Styles* allerorten den Weg bereitet. Ein Rundgang durch heutige Fußgängerzonen ist daher nicht nur für Sprachpuristen zum Heulen! Die *Allnet-Flat,* die uns von der grellgelben Reklametafel des Mobilfunkanbieters aus zum umgehenden Abschluss eines Zweijahresvertrages animieren möchte, fällt da auch schon nicht mehr ins Gewicht. Vielleicht hilft eine kleine Stärkung aus dem *Back-Shop,* obschon der – wortwörtlich übersetzt – eigentlich ein echter Arschladen sein dürfte …

Seit ein paar Jahrzehnten versuchen Sprachexperten bereits akribisch herauszufinden, warum gerade wir Deutschen so verrückt danach sind, ganz gewöhnliche deutsche Begriffe vorwiegend durch Anglizismen zu ersetzen. Ohne auch nur ansatzweise eine wissenschaftliche Studie dazu verfasst zu haben, wagen wir die Behauptung, dass dies einzig und alleine den Grund hat, uns für dumm zu verkaufen. Denn auch wenn 90 Prozent von uns noch nie in New York, Los Angeles oder London shoppen waren, klingt es in den Augen der selbst ernannten Handelsstrategen – sorry: *Brand Manager* – offenbar nach großer, weiter Welt, wenn selbst am Gerüst einer gerade im Umbau befindlichen winzigen Schreibwarenbutze *Grand Opening Soon* steht.

Diesen ganzen englischen PR-Quatsch hätten vor 140 Jahren unsere Ururgroßeltern aus dem Kolonialwarengeschäft ganz sicher nicht nachvollziehen können. Wahrscheinlich hätten sie den *Sale* damals mit seiner französischen Bedeutung übersetzt. Dort ist das Wort ein Adjektiv und heißt nichts anderes als »schmutzig«, was ja auch irgendwie wieder zum Thema passt. Dafür konnten sich Ururoma und Ururopa über eine besondere Aktion der Staatlichen Reichspost freuen: Die nämlich beschloss anno 1874 in einer großen »Verdeutschungsaktion«, über 750 französische Wörter in unsere Sprache zurückzuübertragen. Vielleicht wäre es für eine solche Maßnahme mal wieder an der Zeit!

Weil Bushido und Kollegas Erfolg hatten

Auch wenn wir uns vorhin etwas abfällig über den deutschen Schlager geäußert haben: Es war durchaus möglich, in unserer Sprache objektiv ansprechende Liedtexte abseits von Liebe, Schmerz und Einsamkeit zu verfassen. Und obwohl Geschmack natürlich auch abseits von Roland Kaiser oder DJ Ötzi immer im Ohr des Zuhörers lag, konnte man Interpreten wie Alexandra, den Prinzen und Max Raabe, um nur mal drei vollkommen unterschiedliche Beispiele zu nennen, zwei Dinge nicht vorwerfen: dass sie mit unserer Sprache nicht einigermaßen würdevoll umgegangen wären – und dass sie ihre Musik nicht ordentlich dargeboten hätten.

Mit den Fantastischen Vier schaffte es Anfang der Neunzigerjahre eine bis dahin vollkommen unbekannte Gruppe sogar, die in den USA entstandene, hierzulande noch weitgehend neue musikalische Gattung namens Hip-Hop adäquat ins Deutsche zu übertragen. Ihr *Sprechgesang*, wie die Schwaben ihren Stil selbst nannten, bereicherte unsere Kultur insofern, als junge Menschen sich nach dem sensationellen Erfolg des

Titels *Die da* wieder verstärkt ihrer Sprache zuwandten. HipHop war *cool*, aber man machte sich auch nicht lächerlich, wenn man ihn auf Deutsch hören wollte. Das war ein vielversprechender Ansatz.

Auch wir träumten seinerzeit heimlich davon, so berühmt zu werden wie das Freundesquartett aus Stuttgart, und hätten Lieder wie *Es wird Regen geben* oder *Lass die Sonne rein* auch dann noch fehlerfrei rezitieren können, wenn wir um drei Uhr nachts aufgeweckt worden wären. Mit ein bisschen gutem Willen waren Zeilen wie »Ich mach die Augen auf / In meinem Zimmer ist es still / Mein Kopf ist voll mit Dingen / Die ich dort nicht haben will« hart an der Grenze zur anspruchsvollen Lyrik – und wir versuchten ebenso fieberhaft wie erfolglos, dem nachzueifern.

Leider aber hielt ein halbes Jahrzehnt später das personifizierte Gegenmodell zu den bürgerlichen Fantastischen Vier Einzug in der deutschen Musiklandschaft: Deutlich rabiatere Tondichter wie Kool Savas, Bushido oder Bass Sultan Hengzt wollten nicht als brave Vertreter einer weißen Mittelschicht wahrgenommen werden, sondern inszenierten sich lieber als aggressiv, kriminell und frauenfeindlich. Die thematische Vielfalt in ihren Titeln war zwar ähnlich schmalspurig wie beim Schlager. Der Unterschied bestand allerdings darin, dass es in den Texten der deutschen Rapper getreu den Motiven ihrer amerikanischen Vorbilder weniger um ein Bier, ein paar Busserl und das eine oder andere gebrochene Herz ging, sondern mehr um Drogen, Prostitution und gebrochene Kiefer.

Ach ja, und ums Ficken natürlich – wobei *ficken* hier stets eine multiple Bewandtnis haben konnte, ähnlich wie bei unserem Lieblingswörtchen *geil* zehn Jahre zuvor: Jemanden zu *ficken*, bedeutete demnach wahlweise, ihn körperlich zu züchtigen, ihm seine Habseligkeiten zu rauben, ihn zu übervorteilen oder – als Imperativ formuliert – die Aufforderung, gefälligst das Weite zu suchen. Nur in Ausnahmefällen drückte *ficken* dann auch eine etwas unromantische Variante des Geschlechtsaktes aus.

Ob diese starre inhaltliche Festlegung auf Sex und Schläge nun tatsächlich auf der prekären Herkunft so manches selbst ernannten *Gangsta-*,

Porno- oder *Battle-Rappers* beruhte oder vielmehr auf einer ausgeklügelten Marketingstrategie der Plattenfirma, ließ sich nicht in jedem Einzelfall klären. Jedenfalls begann mit dieser brachialen Variante der Sprechmusik eine Zerrüttung der Jugendsprache, wie sie noch nie zuvor da gewesen war – und gegen die die Beatgeneration und Achtundsechziger wirkten wie klassische Literaturprofessoren.

Savaş Yurderi alias Kool Savas machte schon mal deutlich, wo es umgangssprachlich in den kommenden Jahren dank Leuten wie ihm hingehen würde:

»Rap ist kein Vergnügen, sondern Hass / Bitches sehen mich am Mic und ihre Schlüpfer werden nass / Mein Pint als Kompanie im Auftrag: Ich zerficke dich und deine Crew / Nutten hängen mir am Arsch, denn ich bin Kool Savas«

lautete der Refrain seines Titels *Horror*, den Hunderttausende Jugendliche auswendig konnten, obwohl sich außer *Hass* und *nass* nichts wirklich reimte. Als wir, für die Falco schon ein linguistischer Grenzgänger war, etwas Derartiges zum ersten Mal hörten, hätten wir uns am liebsten den Gehörgang ausgespült.

Ein sich sehr ähnlich artikulierender Vertreter des Genres, welches unsere schöne Sprache immer stärker in ihren Grundfesten erschütterte, war auch Yurderis Berliner Kollege Paul Hartmut Würdig, dessen Künstlername Sido wahlweise für »Super intelligentes Drogenopfer« oder »Scheiße in dein Ohr« stehen sollte, wobei die zweite Auslegung deutlich besser zu den Inhalten seiner Musik zu passen schien:

»Der Typ aus'm Ersten war früher mal Rausschmeißer / Seitdem er aus'm Knast ist, ist er unser Hausmeister / Er ist oft bei der Nutte aus'm Zweiten / Jetzt verkauft sie Fotos von ihm beim Arschausweiten / Der Fetischist aus'm Fünften kauft sie gerne / Er sagt, Rosetten sehen aus wie kleine Sterne«

hieß es etwa im Stück *Mein Block*, in dem der Rapper auf seine Weise die Problematik des Miteinanders im sozialen Wohnungsbau der Hauptstadt aufgriff.

In diesem Stil ging es weiter – und die Wortwahl konnte dabei nicht extrem genug sein. Die Indizierungsbehörden taten den Sängern einen großen Gefallen und zogen reihenweise Alben ein. Das machte die ganze Sache natürlich auf den Schulhöfen und in den Kinderzimmern des Landes nicht uninteressanter. Was von Amts wegen verboten war, war gleich noch mal so spannend – wie etwa *King of Kingz*, das erste Album des Deutschtunesiers Anis Mohamed Youssef Ferchichi, der als Verbalkrieger Bushido darin holprig fabulierte:

»Da, wo ich lebe, tragen die Rapper Silberketten / Stecken Hosen in die Socken, zieh'n Messer, um zu batteln / Denken mit Händen und halten Pitbulls ohne Leine / Meine Reime sind eine Stange / Und brechen deine Beine«.

Wahrscheinlich war es auch dem mangelhaften Gleichklang geschuldet, dass sich die Präsentation der Texte immer so anhörte, als habe der Urheber vor wenigen Wochen erst begonnen, Deutsch zu lernen – obwohl viele Sänger gar keinen Migrationshintergrund haben und, selbst wenn, zumindest mit etwas Mühe, akzentfrei hätten sprechen können. Was aber sollte man in Bezug auf Lautung und Grammatik von Leuten erwarten, die sich Automatikk nannten, MC Basstard oder King Orgasmus One? So aber flossen bei Kollegah, Fler, Azad und Co. ständig Einflüsse aus zumeist deutsch-türkischen Ethnolekten in die Liedtexte ein, weshalb es nur knapp eine Dekade dauerte, bis aus der Mutter auch außerhalb der Songs nahezu flächendeckend die *Mudda* wurde.

Doch es war nicht alles schlecht: Bushidos Verdienst für unsere Sprache bleibt, dass er wohl auf ewig der einzige deutsche Künstler sein dürfte, der es geschafft hat, *Taliban* wirklich auf *Marzipan* zu reimen. Angesichts solcher Verrenkungen sehnen wir uns fast schon wieder nach Ireen Sheers *Migräne*. »Eigentlich höre ich meine eigene Musik nicht. Ich kann auch nicht verstehen, warum andere mich so krass feiern. Ich bin kein Fan von mir«, hat Herr Ferchichi selbst vor einigen Jahren in einem Interview mit dem Musiksender MTV gesagt. Der Mann hat immerhin, das muss man sagen, noch einen letzten Funken Geschmack.

Weil die Recht-
schreibreform in
die Hose ging

Es war gelb, hatte einen abgegriffenen Einband aus Pappkarton, und auf dem schon etwas ausgeblichenen Titel stand *Mein erstes Deutsch-buch – eine Hinführung an unsere Sprache für Grundschüler.* Wir beka-men das alte Ding nach etwa ein oder zwei Schulwochen ausgehändigt, mussten es in einen durchsichtigen Schutzumschlag stecken, und als wir das gemacht hatten, fanden wir drinnen neben groß gedruckten, bunten Buchstaben und erschreckend langen Texten, die wir noch nicht ansatzweise verstanden, auch jede Menge lustige Zeichnungen.

Die Bilder, auf denen immer ein gemütlicher Bär auftauchte, sollten uns Kindern veranschaulichen, was es alles an Regeln gab, die es von nun an zu berücksichtigen galt. Das, was die Autoren nicht zeichnen konnten, reimten sie, damit wir es behielten. Und so sprachen wir gemeinsam dem ABC-Bären nach: »Mit, nach, von, zu, aus, seit, bei – verlangen stets Fall Nummer drei.« Oder: »S und t wird nie getrennt – auch nicht, wenn die Schule brennt.« Oder: »Nach am, ans, vom, zum, beim – schreib ein Tunwort niemals klein.« Es war zwar etwas mühsam, aber so konnten wir uns den Kram tatsächlich irgendwie merken.

Warum es *dämlich* gewesen wäre, *nämlich* mit einem Dehnungs-h zu schreiben, hinterfragten wir nie. Wir vertrauten darauf, dass sich die schlauen Leute, die unsere Sprache erfunden hatten, schon etwas dabei gedacht hatten. Dank des geduldigen ABC-Bären kamen wir orthografisch ganz gut durch die folgenden Jahre. Unsere Aufsätze waren vielleicht nicht überragend formuliert, enthielten aber immerhin so wenige Fehler, dass wir niemals sitzen blieben, nicht deshalb zumindest. Selbst als wir uns mit 15 einbildeten, uns in Stuttgart als Texter für die *Lustigen Taschenbücher* bewerben zu müssen, weil uns die Schule nervte, wurde uns im Antwortschreiben freundlich versichert, dass die Ablehnung nicht an unserer Rechtschreibung liege.

Ein anständiger Brief oder ein ordentlicher kurzer Text waren jedenfalls für uns und die meisten unserer Klassenkameraden und Freunde allemal drin. Derart gerüstet würde sich schon etwas finden, womit sich der Ernst des Lebens bewältigen und vor allem finanzieren ließe. Dass wir in Mathe mies waren und Physik nie nachvollziehen konnten – geschenkt. Wir wollten ja nicht zur NASA. Aber Deutsch zu können, das wurde uns von Beginn an eingebläut, war die Grundvoraussetzung für eine passable Anstellung.

Dann kam, just als wir ins Berufsleben einsteigen wollten, die Reform der deutschen Rechtschreibung von 1996, und in unserer Sprache brachen Chaos, Anarchie und Tumult aus. Es war, als hätte jemand eine Handgranate in einen riesigen Duden geworfen und danach die verkohlten Schnipsel neu zusammengesetzt. Aus heutiger Sicht lässt sich ohne den geringsten Zweifel feststellen, dass diejenigen, die damals diese sogenannte Reform zu verantworten hatten, dem Deutschen einen irreparablen Schaden zufügten. Und die linguistische Verwahrlosung eines ganzen Landes enorm beschleunigten.

Schon beinahe 15 Jahre dauerte zuvor der Streit darüber, wie unsere Sprache vereinfacht werden konnte. Dabei wäre das gar nicht nötig gewesen – obwohl die letzte große Reform schon 95 Jahre zurücklag: Maßgebliche Beschlüsse jener Berliner Konferenz waren etwa, das »h« nach einem »t« weitgehend abzuschaffen, also fürderhin *teuer* statt *theuer* zu schreiben, und Fremdwörter oder Eigennamen besser ins Deutsche zu integrieren. So wurde die *Compagnie* nach 1901 zur *Kompanie*, und auch die Städte Cöln oder Cassel schrieb man nun mit »K«. Der 73-jährige Konrad Duden, der bei dem Kongress persönlich zugegen war, stimmte den Änderungen wohlwollend zu.

Seitdem hatten Generationen von Schülern den Deutschunterricht mehr oder weniger ohne größere Folgeschäden überstanden! Dass geschätzte 4,5 Millionen Menschen in Deutschland nicht richtig lesen oder schreiben konnten, wie man damals annahm, hatte oftmals schlicht pathologische Gründe: Legasthenie und Analphabetismus beruhten auch auf genetischen oder neurologischen Ursachen. Es musste also nicht an Logik oder Unlogik der Verwendung eines »ß« liegen, wenn jemand keinen Halbsatz fehlerfrei aufs Papier brachte. Diese Menschen brauchten keine veränderte Rechtschreibung, sondern eine gezielte Therapie beim Logopäden.

Trotzdem beschlossen 80 wichtige Gelehrte aus Deutschland, der DDR, Österreich und der Schweiz 1986 in Wien, innerhalb der nächsten zehn Jahre die »Regelung der deutschen Rechtschreibung den heutigen Erfordernissen anzupassen«, was im Klartext bedeutete, dass man jenen Sprachstümpern einen Gefallen tat, die ohnehin nicht nachdachten, bevor sie etwas von sich gaben oder zu Papier brachten. Es war, als würde ein Juwelier seinen Laden über Nacht offen lassen, damit ein Dieb die Auslage besser mitnehmen konnte.

Vielleicht weil sie insgeheim schon wussten, was sie da für ein Verbalverbrechen entwarfen, tagten die Germanisten fortan lieber hinter verschlossenen Türen, sodass nur wenige Beschlüsse nach außen drangen. Die Kultusminister der Länder stritten sich, verschoben das Projekt, stritten sich wieder und einigten sich am Ende doch. Als schließlich im Juli 1996 die ersten Wörterbücher veröffentlicht wurden, fielen nicht nur namhafte Autoren wie Günter Grass, Siegfried Lenz oder Martin Walser vom Glauben ab. Auch die Öffentlichkeit verstand die Welt nicht mehr – oder zumindest ihre Muttersprache.

Hunderte zusammengesetzte Wörter mussten plötzlich auseinandergeschrieben werden; aus *radfahren* wurde *Rad fahren* und aus *schlangestehen Schlange stehen*. Das »ß« wich fast überall dem Doppel-s, drei Konsonanten hintereinander waren ebenso möglich wie Dreifachvokale. Die Anredeformen *Du* und *Sie* wurden kleingeschrieben, Fremdwörter wie der *Delfin*, der *Tunfisch* oder das *Potenzial* gemäß ihres Klanges eingedeutscht. Einige Worte leiteten sich von tatsächlichen oder auch nur vermuteten Bedeutungen ab, sodass sich der *Stengel* der Stange sei Dank in einen *Stängel* und die *Gemse* wegen der *Gams* in eine *Gämse* verwandelte. Manche Begriffe durfte man gar so notieren, wie man wollte, Ähnliches galt für die Silbentrennung. Bindestriche häuften sich, Kommata verschwanden. Auf 270 Seiten sumierte, Entschuldigung: summierte sich das Regelwerk.

In den Klassen verzweifelten Schüler und Lehrer gleichermaßen, gestandene Zeitungsredakteure blickten ebenso wenig durch wie Uniprofessoren. Sprachwissenschaftler und Schriftsteller begehrten auf und veröffentlichten Appelle. Einige Bundesländer wollten die Reform stoppen und drohten mit dem Ausstieg aus der Kultusministerkonferenz. *Spiegel*, *BILD* und *FAZ* boykottierten die neue Rechtschreibung erst, um sie dann wenig später doch zu übernehmen. Zumindest teilweise. Allenfalls an den Schulen Namibias wurden die neuen Regeln einigermaßen kritiklos akzeptiert, doch überall sonst, wo noch Deutsch gesprochen und geschrieben wurde, gärte es. 70 Prozent der Bundesbürger lehnten die Rechtschreibreform in einer Allensbach-Umfrage ab.

Aufgrund der anhaltenden Beanstandung wurde das misslungene Regelwerk 2004 in den strittigsten Punkten überarbeitet, und 2006 gab es ein weiteres kleines Reförmchen, das noch mehr Ausnahmen zuließ und so die allgemeine Verwirrung erneut steigerte. Nun wusste uberhaupt niemand mehr, wie er was zu schreiben hatte. Nicht einmal, ob wir *nämlich* jetzt nicht doch mit »h« versehen durften, war klar.

Seitdem ist unsere Grammatik ein Trümmerhaufen: Abermillionen an Büchern in alter Rechtschreibung stehen jenen Werken gegenüber, die von 1996 bis 2004 erschienen sind, die sich wiederum von den Ausgaben aus der Zeit von 2004 bis 2006 unterscheiden, während seitdem wieder alles anders ist, aber eben auch nicht so wie vor 1996. Verschiedenartige Schreibweisen ein und desselben Begriffes existieren derweil halbdutzendweise, je nach Jahr der Veröffentlichung und Stringenz der Regelauslegung. Die Einzigen, die von dem ganzen Irrsinn profitierten, waren die Schulbuchverlage, die mit der mehrfachen Umstellung den Umsatz ihres Lebens machten.

Das Klassenziel, unsere Sprache zu vereinfachen, haben die 80 Experten von einst jedenfalls klar verfehlt. Doch leider können wir sie zur Strafe nicht einfach in einen Karzer stecken und den Schlüssel wegwerfen. Vermutlich hecken sie stattdessen schon wieder neue Pläne aus, wie sich unser Deutsch in Zukunft noch mehr dem Lingualniveau der Gangsta-Rapper, Privatfernsehmacher oder Schlagertexter annähern kann. Ausreichend Bedarf wäre jedenfalls da: Laut einer Studie der Universität Hamburg von 2011 können nun 7,5 Millionen Menschen in unserem Land nicht richtig lesen und schreiben. Das sind: drei Millionen mehr als vor der Reform!

Weil Georg einen Jaguar fuhr

Schon im Mittelalter gab es Marktschreier, die durch die größeren Städte zogen und dort irgendwelche Waren anpriesen, die in Zeiten von Pest und Cholera vor allem eine gesundheitsfördernde Wirkung haben sollten. Je wirkungsloser die Medizin war, die sie anboten, umso lauter brüllten sie. Von daher hatten diese Leute einen lausigen Ruf, sie galten als Scharlatane und Landplagen, die niemand brauchte und niemand mochte. Die Marktschreier und ihre Methoden waren der Vorläufer der modernen Werbung.

Die existierte indes erst seit Mitte des 19. Jahrhunderts: Die Güter, die durch die Massenproduktion der voranschreitenden Industrialisierung ihren Weg in die Haushalte fanden, mussten schon deshalb beworben werden, weil die Menschen sie eigentlich nicht unbedingt zum Leben brauchten. Heute, nach ungefähr 180 Jahren voller blumiger Botschaften, hochtrabender Offerten und übertriebener Versprechungen, werden wir gewahr: Je weniger wir im Laufe unserer immer wohlhabender werdenden Überflussgesellschaft benötigten, desto aufdringlicher, störender und blödsinniger wurde die Reklame.

Weil Georg einen Jaguar fuhr

Auch wenn wir in unserer Jugend alte Blechschilder sammelten, auf denen ein pechschwarzer Mohr Kaffee aus Arabien anpries, die Lufthansa mit zwei Badenixen für Fernreisen in sonnige Badeorte warb oder ein verschwitzter Wüstenwanderer eine Halluzination in Form eines gefüllten Bierglases hatte – besonders originell war Werbung wahrscheinlich auch früher nicht. Wieso ging man nicht in die Luft, wenn man eine HB-Zigarette rauchte? Was sollte das Wort *rauchzart* bedeuten, mit dem der Weinbrandhersteller Racke warb? Und was meinte eigentlich Waschmittelproduzent Ariel mit *mehr als sauber*?

Immerhin gaben sich die Werber bis in die Siebzigerjahre hinein redlich Mühe, ihre vorwiegend flachen Botschaften auf Deutsch zu formulieren: Haribo machte seit jeher die Kinder froh, Dolomiti war riesig, und Rennie räumte den Magen auf. Doch dann entdeckten die Reklamestrategen die englische Sprache als bevorzugtes Mittel, uns den entbehrlichen Krempel ihres Auftraggebers aufzuschwatzen. Es war dieselbe unselige Zeit, als in den Vorstandsetagen das *Managerenglisch* Einzug hielt, und die Werbefirmen waren besonders anfällig für das Wichtigtuervokabular. Auf Englisch klang auch dieser ganze Unsinn anscheinend viel weltläufiger.

Es galt, einen jährlichen Umsatz von 50 Milliarden Mark zu verteilen. Und je mehr *Junior* und *Senior Consultants*, *Art Directors* und *Texter*, *Online-Konzepter*, *Contacter* und *Copywriter* sich auf den Fluren der immer größer werdenden *Media Groups* tummelten, um ein Stück vom großen Kuchen abzubekommen, umso fremdartiger wurden die *Claims*, *Slogans* und *Wordings*, die uns um die Ohren flogen. Es war nur eine Frage der Zeit, bis die Werbung eine eigene Ausdrucksweise entwickelte – einen freudlosen Mischmasch aus Deutsch, Englisch und Fantasiebegriffen, der mit unserer ursprünglichen Sprache rein gar nichts mehr zu tun hatte. Die Marketingmanager erfanden das PR-Deutsch!

Schon vor einigen Jahren stellten die Gründer des Projekts Sprache fest, dass der Anteil englischer Werbesprüche in jüngerer Zeit eklatant angestiegen ist: War in den Sechzigerjahren gerade einmal ein Prozent der Reklamemitteilungen englisch, warben selbst bis ungefähr 1980 lediglich eine Handvoll Tabakkonzerne mit fremdsprachigen Slogans, dazu vielleicht noch der Elektronikhersteller Atari oder der Textilriese Levi's. Der Marlboro-Cowboy wollte eben auch früher kein Kuhhirte sein, ein Computer war nun mal ein Computer, und eine Nietenhose ließ sich mit dieser Bezeichnung offenbar auch schwerlich verkaufen. Selbst originär amerikanische Produkte wurden brav eingedeutscht, wie Meister Proper, der daheim ein Mister war.

Danach aber *went it off*, ging es also los: Allein zwischen 1981 und 1991 zählten die Experten eine Steigerung von 200 Prozent, und mittlerweile sind über ein Viertel aller Reklamesprüche auf Englisch verfasst. Ohne größere Vorwarnung wurde uns vom Brausehersteller Coca-Cola folglich eines Tages befohlen, »*the Coke side of life*« auszuprobieren, bei Apple-Apparaten »*think different*« zu denken und beim Betrachten des Programms von Sat1 gefälligst »*Powered by Emotion*« zu sein, also angeschaltet vom Gefühl. Die Parfümeriekette Douglas lud uns mit dem Spruch »*Come in and find out*« ein, erst in ihre Läden hereinzukommen, um dann wieder herauszufinden. Braun prahlte, seine Produkte seien »*Designed to make a difference*«, C&A verkaufte »*Fashion for living*« und nicht für Tote, und selbst der urfränkische Sportartikelfabrikant Adidas machte uns weis: »*impossible is nothing*«. Das hatte selbst der japanische Autobauer Toyota einige Jahre zuvor noch auf Deutsch behauptet.

Was die Werber offenbar nicht bedachten, war, dass die meisten von uns gar nicht kapierten, was sie da meinten: Eine regelmäßige Umfrage der PR-Analysten von Endmark ergab, dass eine große Mehrheit der Deutschen keinen blassen Schimmer hatte, welche Bedeutung die Slogans hatten, die sie ständig lesen und hören mussten: »*Life by gorgeous*« hätte die Edelkarossenschmiede Jaguar sicherlich gerne als »Leben auf die prachtvolle Art« verstanden gewusst. Schade nur, dass viele Befragte vermuteten, dass hier der Wagen eines gewissen Georg angepriesen werden sollte.

»*The freedom of speech*« beim Telefonanbieter Base stellte nach Meinung der Studienteilnehmer nicht die unbegrenzte Redefreiheit in den Vordergrund, sondern den fürwahr unsinnigen Satz »Rede in Frieden«. Renault versuchte es zunächst auf Französisch und nannte sich *Créateur d'Automobiles*, was schlicht »Autobauer« hieß. Als die Absatzzahlen in Deutschland trotzdem bescheiden blieben, kehrte man hierzulande zum bewährten Englisch zurück und titelte »*Drive the change*«, weshalb sich so mancher Kunde wunderte, warum er beim Benutzen eines derartigen Autos nun Wechselgeld mitnehmen sollte. Und selbst wer ordentlich Englisch sprach, interpretierte bei Nissans »*Shift expectations*«, dass er seine Erwartungen in Bezug auf das beworbene Auto lieber einen Gang herunterschrauben solle.

Es gab Tausende Beispiele, wie uns die Werber sprichwörtlich zum Narren hielten: Auf der Stupid-Sprüche-Skala ebenfalls ganz weit oben standen zum Beispiel das Putzmittel *Cilit Bang*, das uns mit »*The Power to wow*« (Die Kraft des Oho) überzeugen will, die Zürich-Versicherung, die – auch noch in orthografisch bedenklich egozentrischer Manier – erklärt, »*Because Change happenz*«, und – nach wie vor unübertroffen – die Drogeriemarktkette Schlecker, die uns mit »*For you.* Vor Ort« vergebens in die Geschäfte lotsen wollte. Dass Schlecker kurz danach Insolvenz anmelden musste, ist bitter – aber zumindest aus sprachlicher Sicht nur gerecht!

Einige Firmen sind zwar aufgrund manch harscher Kritik wieder zu deutschen Mitteilungen zurückgekehrt. Solange aber eine einheimische Brauerei auch die Kunden zwischen Nordsee und Alpen zur »*Beck's Experience*« willkommen heißt und die Fluglinie Air Berlin ihre Passagiere im »*Fly Euro Shuttle*« durchschüttelt, wird sich im Bereich der Werbung für unsere Sprache nichts zum Besseren wenden. Immerhin schließt sich hier der Kreis von den Marketingstrategen der Gegenwart zu den Marktschreiern von einst: Beide gingen, das lässt sich nicht leugnen, der Bevölkerung gehörig auf den Geist.

Weil Artikel voll spackig wurden

Sie klingt uns noch in den Ohren, als wäre es gestern gewesen, diese wunderbare Fanfare unserer Kindheit, an deren Anfang ein paar Töne aus einer Maultrommel standen, die sich so anhören sollten, als komme ein Ball ein paarmal am Boden auf. Im dazugehörigen Bild war ein kleiner Junge zu sehen, wie er auf einer Gummikugel über die Straße hopste. Dann folgte eine kurze Sirene, und schon vernahmen wir den prägnanten Chor: »Der, die, das«, erklang es vielstimmig. »Wer, wie, was / Wieso, weshalb, warum / Wer nicht fragt, bleibt dumm«, und dazu sahen die Kinder in der Eröffnungssequenz der *Sesamstraße* erstaunt einem Flugzeug beim Landen zu oder beobachteten einen Flamingo im Zoo.

Und weil wir wie alle Drei-, Vier- oder Fünfjährigen damals die *Sesamstraße* liebten, fragten wir lieber einmal zu viel, auch auf die Gefahr hin, unseren Eltern gehörig auf die Nerven zu gehen. Aber wir wollten auf keinen Fall dumm bleiben! Also fragten wir, warum aus den Wolken plötzlich Wasser kam und wie hoch der Himmel war. Wir wollten wissen, warum ein Stück Holz nicht unterging und weshalb ein Papagei bunte Federn besaß. Und wir hakten nach, wieso es *das* Auto hieß, aber *der* Wagen und *die* Karre, wie unser Vater immer zu schimpfen pflegte, wenn der Motor nicht gleich ansprang. Es war alles ein einziges großes Rätsel. Auch unsere Sprache.

Die Zeiten allerdings haben sich geändert: Die *Sesamstraße* ist bei den Kindern von heute in etwa so gefragt wie ein orangefarbenes Wählscheibentelefon bei den Erwachsenen. Infolgedessen scheinen sich weder viele Kinder die Mühe zu machen, ausreichend Fragen zu stellen, noch wissen so manche Eltern überhaupt noch Antworten auf irgendetwas. Wenn man sich einmal umhört auf den Schulhöfen dieser Republik, kann man den Eindruck gewinnen, dass einige dieser Jungen und Mädchen, die da miteinander plaudern oder sich gegenseitig beschimpfen, ihren Eltern in den vergangenen Jahren keine einzige Frage gestellt haben. Auch nicht die, warum die Nomen in unserer Sprache ursprünglich einen kleinen, aus drei Buchstaben bestehenden Begleiter besaßen. *Der, die* und *das* sind offenbar genauso *out* wie die *Sesamstraße* selbst. Für *World of Warcraft, Dragon Age* und *Facebook* braucht man halt keine Artikel – und so vieles andere auch nicht.

Wer nun einwenden mag, diese Entwicklung sei nur eine weitere vorübergehende gesellschaftliche Wandlung, die eine Sprache im Laufe der Generationen nun einmal durchmache, der übersieht einen wesentlichen Aspekt: Bestanden die Charakteristika der Jugendsprache in früheren Jahren vorwiegend in neuen oder zweckentfremdeten Wörtern, die für die Erwachsenen im besten Fall befremdlich klangen wie *super, affengeil* oder *krass*, entwickelte sich in den letzten zwei Jahrzehnten vor allem in den Städten eine komplett neue Phonetik, während der Gesamtwortschatz immer weiter zusammenschrumpfte – eine fatale Kombination!

Lauscht man einem durchschnittlich begabten deutschen Siebtklässler mittlerweile bei seinen Einlassungen, klingt dessen Ausdrucksweise mitunter so, als wäre die gesamte Familie erst vor wenigen Monaten aus dem Morgenland zu uns übergesiedelt, selbst wenn der Urgroßvater nachweislich im kaiserlichen Heer gedient hat. Der Grund für diesen misslichen Tonfall, in dem Millionen Kids von heute sprechen, ganz unabhängig von ihrer Herkunft, ist ein Phänomen, das so fürchterlich klingt, wie es sich anhört: Kanak-Sprak.

Dieser oftmals auch als Kiezdeutsch bezeichnete Szenejargon besteht aus ein paar Dutzend nicht vermeidbarer Wörter aus dem eher unkonventionellen Teil des deutschen Grundwortschatzes (*Ich, Du, Er, Nutte, Arschloch, Wichser, Hurensohn, Opfer*), angereichert durch leicht einprägsame Begriffe aus dem Türkischen oder Arabischen. Bekannteste Beispiele dürften in diesem Zusammenhang das türkische Wörtchen *lan* sein, das so viel wie »Kumpel« bedeutet und im Notfall auch durch das traditionelle *Alter* oder *Mann* ersetzt werden kann, sowie das arabische *Yalla*, das für »Auf geht's« steht. Die zeitgemäße Aufforderung, gefälligst das Weite zu suchen, lautet entsprechend:

»Alter, verpiss dich, lan. Yalla, yalla!«

Ein weiteres wesentliches Merkmal der Kanak-Sprak (der Begriff tauchte übrigens das erste Mal in einem Buch des deutsch-türkischen Schriftstellers Feridun Zaimoglu aus dem Jahr 1995 auf) dagegen ist es, den jeweiligen Artikel vor dem Substantiv der Einfachheit halber gleich wegzulassen, bevor man sich womöglich mit einer fehlerhaften Nominalklassifizierung wie *der Auto* oder *die Wagen* vor den Freunden oder der Lehrerin blamiert. Folglich lautet beispielsweise die typische Frage, ob man sich später gemeinsam mit einem motorisierten Fortbewegungsmittel zur örtlichen Diskothek begeben wolle, in etwa so:

»Lan, nimmst du Golf für Disco?«

Die Antwort könnte, eine Ablehnung dieses Ansinnens vorausgesetzt, dann wie folgt ausfallen:

»Bist du krank, du Spacko? Nehmen wir Taxi!«

Wahlweise kann jedoch auch der Artikel *dem* universell eingesetzt werden. Nach dieser dem obligaten Dativ folgenden Kommunikationslehre gestaltet sich obiger Dialog folgendermaßen:

»Lan, nimmst du dem Golf für dem Disco?«

»Bist du krank, du Spacko? Nehmen wir dem Taxi!«

Einigkeit herrscht dagegen wieder bei der Regel, dass beide Vergleichs
partikel *als* und *wie* durch das Adverb *wo* ersetzt werden, worüber sich
auch kein Deutschlehrer an hiesigen Lehranstalten mehr wirklich auf-
regen tut: Der begeisterte Ausruf, den ein beeindruckter junger Mensch
beim Anblick des neuen Porsche-Modells auf dem Discoparkplatz von
sich gibt, dürfte demnach in den allermeisten Fällen lauten:
»Krass, Mann! Das ist schönste Auto, wo gibt!« oder
»Krass, Mann! Das ist dem schönste Auto, wo gibt!«
Gleichfalls praktisch ist die universell einsetzbare Endung *-isch*, welche
die bisher gültigen Varianten *-ch* , *-ich* oder *-ig* beinahe flächendeckend
ersetzt hat: Anstatt der grammatikalisch korrekten Warnung vor einem
bevorstehenden Übergriff mittels eines Messers heißt es:
»Isch stesch disch ab, du Opfer!«
Forscher beobachten solche Sprachabläufe inzwischen derart häufig,
dass schon von einer ähnlichen Entwicklung wie in den USA gesprochen wird, wo sich der Slang der schwarzen Bevölkerung durch Hip-
Hop-Kultur und Umgangssprache unterdessen quasi über das eigentli-
che Englisch gestülpt hat. Ob dieser Ethnolekt nun am Einfluss der inzwischen dritten oder vierten Einwanderergeneration seit der Ankunft
der ersten Gastarbeiter Anfang der Sechzigerjahre oder doch einfach nur
an zu viel Sido und Bushido im iPod liegt, ist unter Experten umstritten.
Fakt ist, dass es zum Beispiel in der türkischen Grammatik keinen bestimmten, sondern nur einen unbestimmten Artikel gibt, es für Mig-
ranten aus diesem Kulturkreis also ungleich schwerer ist, sich auf diese
spezifisch germanistische Herausforderung einzustellen. Fakt ist weiterhin, dass selbst die türkische Zeitung *Hürriyet* im Jahr 2012 über
eine Untersuchung der Universität Potsdam berichtete, die belegen
konnte, dass deutsche Jugendliche zwischen 14 und 17 Jahren häufig
türkische Wörter in ihren Dialogen verwenden. Fakt ist aber nun mal
auch, dass gerade viele in Deutschland geborene Türken ein weitaus
besseres Deutsch sprechen als mancher Einheimische ohne jeden Migrationshintergrund, wie Studien beweisen.

Eines aber wollen wir betonen: Jener vorwiegend von Soziologen benutzte Begriff der *Kanak-Sprak* ist eine Diskriminierung, die wir keinesfalls gutheißen können! Schließlich handelt es sich bei den Kanaken um nichts anderes als die melanesischen Ureinwohner von Französisch-Kaledonien, die auch heute noch ihre rund 25 unterschiedlichen Dialekte in ihren verschiedenen Stämmen nachhaltig pflegen. Der wahre Kanake steht also nicht im Verdacht, sich freiwillig auf das sprachliche Niveau eines Lernbehinderten zu begeben und mutwillig auf wesentliche Teile der bestehenden Regularien zu verzichten – im Gegenteil. Nur damit hier kein falscher Eindruck entsteht.

Längst vergleichen pessimistische Sprachwissenschaftler den Sprachwandel in Deutschland mit der Situation auf dem Balkan, wo das über viele Jahrhunderte bestehende Nebeneinander verschiedener Sprachen zu starken Vereinfachungen in der Universalsprache geführt habe. So könne es passieren, dass irgendwann in nicht mehr allzu ferner Zukunft ein Kind beim zufälligen Betrachten einer alten *Sesamstraßen*-Folge dann doch noch eine Frage stellt: »Baba, was ist dem Derdiedas für Wort?«

Weil wir zu zwitschern begannen

Irgendwann ging es einfach nicht mehr. Jahrelang hielten wir dem Druck stand und kommunizierten noch, wie es uns unsere Vorfahren gelehrt hatten: persönlich, per Brief und mit dem Telefon. Gut, ganz ohne SMS kamen wir nicht aus, aber wir bemühten uns wenigstens, ab und zu einen Punkt zu setzen und die Hauptwörter weitgehend großzuschreiben. Auch wenn die Autokorrektur-Funktion uns oftmals einen Strich durch die Rechnung und aus dem *Kompott* einen *Kompost* und aus den *Lernsachen Kernwaffen* machte.

Doch nachdem wir vollends in die gesellschaftliche Isolation abzurutschen drohten, weil wirklich alle Menschen um uns herum sich nur noch über soziale Netzwerke verabredeten, meldeten wir uns eines Tages gleichfalls bei *Facebook* an. Und weil es irgendwie auch schon egal war, bei *Twitter* ebenfalls. Was allerdings dann über uns hereinbrach, das übertraf wirklich unsere schlimmsten Befürchtungen. Sprachlich, niveaumäßig und überhaupt. Es war der kommunikative Super-GAU!

Schon kurz nach der Anmeldung wunderten wir uns, dass uns so viele Leute vorgeschlagen wurden, die wir alle kennen sollten. Einige davon kannten wir tatsächlich gut, von anderen hatten wir noch nie gehört, und wiederum andere kannten wir zwar flüchtig, wollten aber eigentlich nichts mit ihnen zu tun haben. Weil es uns aber unhöflich erschien, eine Freundschaftseinladung einfach abzulehnen, nahmen wir alle derartigen Offerten an, die in unserem *Account* landeten, wie das *Benutzerkonto* hier hieß. Schon nach verhältnismäßig kurzer Zeit verfügten wir über an die hundert Freunde und folgten dem lustigen Twitter-Vögelchen zu ein paar Dutzend mehr oder weniger bekannten Persönlichkeiten, die dort zu unserem Erstaunen ebenfalls vertreten waren. Wir merkten jedoch schnell, welch Unheil wir damit angerichtet hatten.

Rund zehn Milliarden Nachrichten werden auf Facebook jeden Tag weltweit versendet, und gefühlt landete gut die Hälfte davon in unserem Postfach. Der Informationsgehalt dieses Mitteilungswirbelsturms tendierte dabei bei jeder einzelnen Botschaft gegen null: Wir wurden nun darüber in Kenntnis gesetzt, dass jemand verschlafen hatte (»Morgäääähn«), dass es zum Frühstück Spiegeleier mit Speck gab (»supilecker!!!«), dass der Nahverkehrszug zu spät dran war (»scheiss drecks bahn«) und dass der Urlaub in der Türkei alles bisher Dagewesene in den Schatten stellte (»voll der mega traum, echt«). Und als wäre dies nicht genug, wurde jede Nachricht auch noch mit einem oder mehreren Fotos versehen, die das Geschriebene argumentativ untermauern sollten. Also betrachteten wir notgedrungen: einen defekten Radiowecker, einen Teller mit zwei Spiegeleiern und drei Scheiben Speck, eine Anzeigetafel der lokalen S-Bahn sowie ein halbes Dutzend Ansichten eines türkischen All-inclusive-Resorts samt mehrerer unvorteilhafter Selbstporträts an diversen Hotelpools.

Auch unser Twitter-Konto füllte sich schnell: Politiker, Sportler und Schauspieler erklärten uns, was von der aktuellen Syrien-Resolution zu halten war, welches Tor der Schiedsrichter gestern nicht hätte aberkennen dürfen und warum Leonardo di Caprio bei der Oscar-Verleihung erneut zu Unrecht leer ausgegangen war. Das Schlimme war nur, dass sich die Politiker zur Oscar-Verleihung, die Sportler zur Politik und die Schauspieler zu allem Möglichen zu Wort meldeten. Offenbar meinte jeder, uns nun etwas schreiben zu müssen. Es bestand kein Zweifel mehr: Facebook und Twitter waren Katalysatoren für die Geschwätzigkeit jener Menschen, die ohnehin schon an einem chronischen Mitteilungsdrang litten.

Dass auch hier bei den meisten unserer Informanten ähnlich wie bei E-Mail und SMS Rechtschreibung, Satzbau und Sprachstil der schieren Schnelligkeit geopfert wurde, war nur konsequent. Wer zum Beispiel der Welt bereits eine Sekunde nach Bekanntgabe des Todes von Nelson Mandela auf elektronischem Wege kondolieren wollte, von dem konnten wir nicht erwarten, dass er dies auch noch grammatikalisch korrekt tat. Also ließen wir den südafrikanischen Nationalhelden schweren Herzens in *friden ruhn*, auch wenn es uns in den Fingern juckte, ein paar böse Anmerkungen zurückzuschreiben. Legendär sind in diesem Zusammenhang etwa die Twitter-Bekanntmachungen des früheren Tennisspielers Boris Becker, der unserer Bundeskanzlerin mit den Worten »Grosser Bewunderer von Angela Merkel! Ich bin sehr stolz und werde Patriot, als Sie Friedensnobelpreis gewonnen hat!!!« fälschlicherweise zur nie zur Debatte gestandenen entsprechenden Auszeichnung gratulierte.

Doch auch wenn unsere Sprache durch diese neuen Medien sicherlich noch weiter in Mitleidenschaft gezogen wird – viel fürchterlicher als die orthografischen Folgen für die Allgemeinheit ist der voranschreitende Zwang, sich und sein Leben jedermann zu offenbaren. Schwatzhaftigkeit hat schließlich noch keiner Gesellschaft gutgetan. Wir haben nach ein paar Monaten die virtuelle Reißleine gezogen und uns aus den beiden Kanälen wieder abgemeldet. Seitdem bekommen wir zwar nicht mehr mit, was manch einer unserer Bekannten beim Italiener bestellt hat und welche Meinung ein Tatort-Kommissar zum Freihandelsabkommen mit den USA hat. Aber es herrscht wieder etwas, das bei all den sprachlichen Verwerfungen der Gegenwart von Zeit zu Zeit auch sehr schön sein kann: Ruhe!

Weil wir diese schönen Wörter nicht mehr verwendeten

Wissen Sie noch, was Sie am 21. Februar dieses Jahres gemacht haben? Wenn Sie oder ein nahestehender Mensch nicht zufällig an diesem Tag Geburtstag haben, dann wahrscheinlich eher nicht. Vielleicht haben Sie an jenem Tag wie üblich im *Back-Shop* um die Ecke einen *Coffee to go* bestellt, sind danach an zahllosen Plakaten mit dümmlichen Werbebotschaften wie *Sense and Simplicity* oder *Liberté, toujours* vorbeigefahren und haben dem Radiomoderator zugehört, wie er *Tickets for free* für ein *fettes Konzert-Event* in der *City* verlost. Unter Umständen haben Sie im Lauf dieses Tages eine Menge SMS oder E-Mails mit haarsträubender Rechtschreibung gelesen und am Abend im Fernsehen Menschen dabei zugehört, die wo sich auch vor einer Kamera verdammt schlecht ausdrücken tun. Und aller Wahrscheinlichkeit nach ist Ihnen all das gar nicht mehr aufgefallen, weil wir schon abgestumpft sind vom kontinuierlichen Raubbau an unserer Sprache. Dabei wäre der 21. Februar eine Chance gewesen, kurz innezuhalten.

Am 21. Februar nämlich wird alljährlich der von der UNESCO ausgerufene »Tag der Muttersprache« begangen, ein Gedenktag, der einen ernsten Hintergrund hat: Am 21. Februar 1952 beschloss die pakistanische Regierung, dass künftig Urdu, eine eigentlich recht unbedeutende der über hundert bekannten indoarischen Sprachen, die alleinige Amtssprache des Landes sein solle. Das Problem daran war nur, dass lediglich drei Prozent der Bevölkerung Urdu sprachen, während sich der Großteil der Menschen auf Bengalisch verständigte. Es kam zu schlimmen Unruhen, bei denen auch Tote zu beklagen waren.

48 Jahre später beschloss die UNESCO, uns wenigstens einmal jährlich ins Bewusstsein zu rufen, dass jede Sprache auch ein Stück kulturelle Identität darstellt. Je mehr wir unser Deutsch verwässern, die Sprache unserer Vorfahren, die Sprache von Schiller und Goethe, die Sprache, die womöglich beinahe in Amerika gesprochen worden wäre, umso stärker verlieren auch wir diese Identität. Am Ende unserer kleinen Polemik am Umgang mit unserer Sprache wollen wir deshalb exemplarisch ein paar Wörter auflisten, die in den letzten Jahren und Jahrzehnten in Vergessenheit geraten sind, wie es auch der Duden feststellte, indem er sie als »veraltet« kennzeichnete – und irgendwann vermutlich aus seinem Verzeichnis streichen wird. Insgesamt 6000 solche »bedrohten Wörter« zählen Sprachwissenschaftler derzeit, und es werden ganz sicher nicht weniger!

Aber vielleicht können wir ja verhindern, dass sie und Hunderte weiterer, wunderbarer Begrifflichkeiten wie *blümerant*, *Dreikäsehoch* oder *Hagestolz* irgendwann vollständig aus unserem Sprachgebrauch verschwinden und durch Anglizismen, Kanak-Sprak oder einen sonstigen Lingualquatsch ersetzt werden. Möglicherweise ist der kommende 21. Februar eine gute Gelegenheit, ein paar von ihnen mal wieder zu verwenden. Auch wenn wir all die *Checker*, *Bitches* und *Chabos* wohl nie dazu bekommen werden, solche Beispielsätze zu bilden, wie wir das mal vorgeschlagen haben…

Absenz	Abwesenheit; *Wo warst du, Alter? Hab in der Disse gestern deine Absenz festgestellt.*
Advokat	Anwalt; *Hab voll Stress mit den Bullen. Hoffe, mein Advokat haut mich noch raus, Mann!*
Allerorten:	überall; *Scheißladen, die Spackos sind hier aber auch allerorten.*
Backfisch	pubertierendes Mädchen; *Hast du den Backfisch gesehen? Den mach ich heute noch klar, ich schwör!*
Bresche	große Lücke; *Kapier nix von die Schulaufgabe. Du musst für mich in die Bresche springen, lan!*
Bubenstück	Streich; *Krasses Bubenstück von dir, die ganze S-Bahn zu taggen ...*
Dienstmann	Dienstleister für kleinere Aufgaben; *Räum dein Scheiß selber auf, bin doch nicht dein Dienstmann!*
Eckensteher	Lebenskünstler; *Hat kein Job und ist trotzdem dauernd am Partymachen, der abgefuckte Eckensteher.*
Ehelichen	heiraten; *Spinnst du, wieso soll ich die Bitch ehelichen? Ich hab die doch nur zum Poppen!*
Ehrwürden	Anrede für geistliche Personen; *Laber mich nicht voll, Mann. Da kann ich ja gleich zum Ehrwürden gehen.*
Faustkampf	Boxen; *Abgefahrener Faustkampf gestern, der andere hat voll aus der Fresse geblutet ...*

Feilbieten	anbieten; *Ich brauch doch nur fünf Gramm. Kannst du mir die nicht schnell feilbieten?*
Fiedel	Geige; *Ich hab total Bock, die Alte heut mal richtig durchzufiedeln.*
Freudenmädchen	Prostituierte; *Sag noch einmal Freudenmädchen zu meiner Mutter, und du bist tot, Mann.*
Frischauf	Ermunterungsaufruf; *Der Spast liegt schon am Boden, also frischauf, Leute, macht ihn kaputt.*
Furios	leidenschaftlich; *Wie du vorhin so ausgetickt bist, das war echt voll furios.*
Fürwahr	Bekräftigung einer Feststellung; *Den Müller pack ich null, der ist fürwahr ein Wichser!*
Galosche	ausgetretener Schuh; *Ich muss mir neue Nikes ziehen, die anderen sind schon voll die Galoschen.*
Gassenhauer	bekanntes Lied; *Hast du den neuen Song von Marteria gehört? Wird bestimmt ein fetter Gassenhauer!*
Gaukeln	etwas vortäuschen; *Ich bin so ein krasser Stecher, mir gaukelt keine Tussi nen Orgasmus vor!*
Gebührlich	gesellschaftsfähig; *Ey, wie du gestern auf der Party abgekotzt hast, das war voll ungebührlich.*
Geziemen	sich gehören; *Du bist so assi, abkoffern vor alle geziemt sich nicht!*

Weil wir diese schönen Wörter nicht mehr verwendeten

Grimmig	zornig; *Was glotzt du so langsam? Mach mich nicht grimmig!*
Harm	Kummer; *Dass die Cindy Schluss gemacht hat, hat mich echt geflasht. Mein Herz ist voll Harm, Leute!*
Hinfort	Aufforderung zum Weggehen; *Hinfort mit dir, sonst kriegst du eins aufs Maul, du Opfer!*
Hinterdrein	hinterher; *Schon wieder 'ne Sechs in Mathe, bin echt übel hinterdrein.*
Hofschranze	Schmeichler; *Ey, der Mike ist so die Hofschranze vom Babo, des luscht mich langsam an.*
Honorig	ehrenhaft; *Sag nix gegen mein Bruder, der ist total honorig in sein Job!*
Hupfen	springen; *Hab grad null Kohle, hoff die Pestlippe lässt einen Schein rüberhupfen.*
Ingrimm	Wut; *Die Penntüte chillt nur rum, und ich muss ackern, das erzeugt so den Ingrimm bei mir!*
Inkommodieren	jemanden belästigen; *Sorry, dass ich heut Nacht noch gesimst hab, wollte dich nicht inkommodieren.*
Just	gerade; *Krassomat, dass du anrufst, wollte dich just auch anfunken.*
Kabeln	weiter weg telefonieren; *Voll lang nix gehört von denen, muss mal dringend die Family daheim ankabeln.*

Kanapee	Sofa; *War gestern derart breit, bin glatt am Kanapee eingepennt!*
Kapriziös	eigensinnig; *Immer geht alles nach dir, das ist total kapriziös, Mann!*
Kredenz	Anrichteschrank; *Bock auf Wodka? Meine Alten haben noch 'ne Flasche in der Kredenz.*
Kuppelei	Anbahnung einer Beziehung; *Was laberst du dauernd von der Fickstelze, machst du Kuppelei, oder was?*
Lehrmädchen	Auszubildende; *Das Bunny ist im Bett echt noch voll das Lehrmädchen.*
Leibesertüchtigung	Sport; *Hab null Bock auf Leibesertüchtigung, lass uns lieber an der PS abgamen!*
Lichtspielhaus	Kino; *Bock, dir den neuen Vin Diesel reinzuziehen? Gestern im Lichtspielhaus angelaufen.*
Liederjan	Tunichtgut; *Halt dich bloß von dem Liederjan fern, dem seine Art ist megaschwul.*
Lustwandeln	spazieren gehen; *Bin total blass, geh mal lustwandeln, um ein paar Pigmente zu haschen.*
Meucheln	töten; *Der Typ macht mich so aggro, den meuchel ich bald, wenn's so weitergeht.*
Mime	Schauspieler; *Ich find den Josh Hartnett total puschig, weil der so ein guter Mime ist.*

Missetat	Straftat; *Der kack Jugendrichter hat rumgemädelt, dass ich bei der nächsten Missetat in Bau muss!*
Mohammedaner	Muslim; *Dem kann ja selber net richtig Deutsch, dem scheiß Mohammedaner.*
Mummenschanz	Maskierung; *Alter, was hast du denn auf einmal ein Anzug an, das ist ja krasser Mummenschanz!*
Narretei	Faxen; *Tu mich net immer abflocken, ich pack die ganze Narretei nicht.*
Niederkunft	Geburt; *Meine Schwester zickt echt ab, das liegt bestimmt an der Niederkunft, wo sie bald hat.*
Notdurft	sich erleichtern; *Muss pissen, frag mal die Saftschubse, ob ich vor der Landung meine Notdurft verrichten kann.*
Obmann:	Vorsitzender; *Der Obmann von die Schulausschuss hat mir echt ein Verweis bloß wegen Kiffen gegeben.*
Obsiegen	siegreich sein; *Das Game war total heavy, aber am Ende haben wir krass obsiegt.*
Pelerine	Regenmantel; *Mach dir nicht ins Hemd, Digga! Wegen dem bisschen Wolkenpisse brauchst du keine Pelerine.*
Pfeffersack	Geschäftsmann; *Von dem darfst du dir keine Knete abfassen, das ist der volle Pfeffersack.*
Prahlhans	Angeber; *Die neue Karre vom Murat ist endgeil, aber ein bissel Prahlhans ist der schon.*

Querüber	schräg gegenüber; *Guck mal die Chick querüber, die find ich echt hammer!*
Ränke	Intrige; *Ey, die Ränke zahl ich dir heim, du Hemd.*
Rauschebart	Vollbart; *Bist du jetzt Hipster, oder was mit dein fetten Rauschebart?*
Säumnis	verpassen; *Hab schon wieder ein Säumnis in Mathe, wenn das so weitergeht, lusch ich heuer noch ab.*
Scharwenzeln	einschmeicheln; *Der hat mich 'ne Stunde zugeföhnt, aber ich lass mich nicht scharwenzeln von dem.*
Schau	Ausstellung; *Kennst du Körperwelten? Ist echt 'ne krasse Schau, Mann!*
Scherflein	Spende; *Wenn meine Ellies kein Scherflein dazugeben, kann ich nicht mit nach Malle, ohne Scheiß!*
Schmaus	opulentes Essen; *Ey, nach dem Schmaus gestern hatte ich die ganze Nacht Sprühwurst!*
Schurkenstreich	Untat; *Wie der Kevin den abgebrochenen Typen abgezogen hat, das war voll der Schurkenstreich.*
Siechtum	längere Krankheit; *Hab jetzt schon drei Wochen Rüsselseuche, das ist das reinste Siechtum, Mann.*
Sittsam	anständig; *Ich bin viel zu sittsam für die ganzen Assis um mich rum.*

Sommerfrische	Erholungsurlaub; *Die Sommerfrische am Goldstrand war echt crazy.*
Spezerei	Delikatesse; *Der Döner ist so yummy, das ist echt 'ne Spezerei!*
Tagedieb	Nichtstuer; *Guck dir die Zecke an, das ist voll der Tagedieb.*
Tanzplatz	Tanzfläche; *Muss mal kurz chillen, ich glaub' ich war zu lang am Tanzplatz.*
Trunksucht	Alkoholismus; *Du hast dich drei Tage vollgelötet, wenn das so weitergeht, kriegst du fett die Trunksucht.*
Tugendhaft	brav; *Die Typen von der anderen Klasse sind echt viel zu tugendhafte Spackos für mich.*
Ungebührlich	unangemessen; *Mum sagt, dass ich mich mein Stiefvater gegenüber voll ungebührlich benommen hab.*
Unkeusch	schamlos; *Lan, deine Schwester ist mit 13 schon abgestempelt? Die ist aber unkeusch drauf!*
Verabreichen	geben; *Der Bacardi-O, den du mir verabreicht hast, schmeckt null. Den kannst du dir in Arsch schieben.*
Vermaledeien	verfluchen; *Ich vermaledeie den Tag, wo ich dich getroffen hab, du Schlampe.*
Verpönen	missbilligen; *Mein Baba hat gesagt, er tut verpönen, dass ich Alkohol trink.*

Wacker	anständig; *Dafür, dass du nicht richtig in der Möhre bist, hast du dich wacker geschlagen.*
Wagehals	mutiger Mensch; *Ich lass mich jetzt auch an den Nippeln piercen, bin halt ein echter Wagehals.*
Wertschätzen	gerne mögen; *Alter, ich bin total unterhopft, ich tät jetzt ein Maurerbrause wertschätzen.*
Widerraten	jemandem von etwas abraten; *Und ich hab ihm noch widerraten, dem nachts vollzuwullfen.*
Wiederkunft	Heimkehr; *No Problemo, bis zu dein Wiederkunft halt ich die Bude in Schuss, Mann.*
Windsbraut	Starke Böe; *Was hast du denn für 'ne Matte, ist da die Windsbraut reingefahren?*
Wohlfeil	billig; *'Nen Zehner für 'nen Sixpack an der Tanke find ich echt wohlfeil.*
Zeihen	beschuldigen; *Ich hab dein scheiß Nagellack nicht, da brauchst du mich gar nicht wegen zeihen!*
Zuvörderst	in erster Linie; *Halt's Maul, Alter, zuvörderst bin ich dran!*

Wichtige Anmerkung: Dieses Buch wurde gemäß der zum Zeitpunkt der Drucklegung gültigen Rechtschreibung verfasst. Sollte sich die Rechtschreibung zwischenzeitlich erneut geändert haben, bitten wir um Nachsicht. Des Weiteren weisen Autor, Lektorat und Verlag darauf hin, dass etwaig vorhandene Rechtschreibfehler und fehlende Interpunktion selbstverständlich allesamt volle Absicht sind und dazu dienen, den grammatikalischen Spürsinn des Lesers zu schärfen. Sollten Sie Unzulänglichkeiten entdecken, schicken Sie diese bitte an den Verlag. Unter allen Einsendern werden eine Sido-CD, ein Langenscheidt Taschenwörterbuch Deutsch-Englisch sowie ein Starbucks-Gutschein verlost. Der Rechtsweg tut voll ausgeschlossen sein!

176 Seiten
Preis: 8,99 € (D), 9,30 € (A)
ISBN 978-3-86883-411-6

Petra Cnyrim

VERVOLLSTÄNDIGE DIE FUNKTION

Über 222 genial schlagfertige
Antworten auf nervige
Prüfungsfragen

Dieses Buch versammelt die besten, originellsten und lustigsten falschen Antworten auf Prüfungsaufgaben und zeigt, dass selbst eine Frage wie »Was ist der Unterschied zwischen Hydrogencarbonat und Alkohol?« bei nahezu völliger Unwissenheit richtig beantwortet werden kann: »Hydrogencarbonat verursacht keine Autounfälle.«

Die 222 Antworten auf echte Prüfungsfragen bringen den Leser zum Lachen und lassen ihn schmunzelnd an die eigene Schul- und Studienzeit zurückdenken. Doch auch Schüler und Studenten werden Gefallen an diesem Buch finden – und vielleicht sogar Inspiration.

Der Postillon

Ehrliche Nachrichten – unabhängig, schnell, seit 1845

Auch als E-Book erhältlich

Stock abgebrochen: Mann walkt tagelang nordic im Kreis

Wiesbaden (dpo) – Nie wieder Nordic Walking! Das hat sich Holger Weiß (61) aus Rambach bei Wiesbaden nach einem wahren Horrortrip geschworen. Vergangenen Samstag machte sich der sportlich aktive Familienvater zu seiner wöchentlichen Runde Nordic Walking auf. Doch als nach ungefähr 500 Metern der rechte Nordic-Walking-Stock aufgrund von Materialermüdung abbrach, nahm das Unglück seinen Lauf. Weil nun der Antrieb auf der einen Seite stärker war als auf der anderen, verlor der Trendsportler die Kontrolle über seine Walkrichtung und war nunmehr dazu verdammt, nordic in Kreisen mit einem

Radius von mehreren 100 Metern zu walken. Vier Tage lang zog Holger Weiß seine Kreise, mehrfach passierte er in dieser Zeit sein eigenes Haus. Doch bevor seine Frau oder einer der Nachbarn reagieren konnte, walkte der 61-Jährige bereits wieder nordic in Richtung Wald. Erst in den gestrigen Abendstunden konnte er von einem Polizeisuchtrupp mit einem beherzten Schuss aus dem Betäubungsgewehr gestoppt werden. Gegenüber dem *Postillon* kündigte Weiß, der fast verdurstet wäre, an, er wolle in Zukunft nur noch joggen, denn da sei man nicht von anfälligen technischen Hilfsmitteln abhängig.

Foto: Holger Weiß vor seinem Unfall

++++ Dumm gelaufen: Model umgeknirkt ++++ Kocht auch nur mit Wasser: Wasserkocher ++++ Ständig zu spät gekommen: Pornodarsteller gefeuert ++++ Zu schnell: Putzfrau verliert Lappen ++++

Studie: Wissenschaftler sind ideale Sexualpartner für aufstrebende Frauen

Zu wenig Anerkennung: Heiliger Geist verlässt Dreifaltigkeit

Kompromiss: Stromkonzerne stellen atombetriebene Windräder in Aussicht

riva

192 Seiten
Preis: 9,99 € (D), 10,30 € (A)
ISBN 978-3-86883-206-8

Stefan Sichermann

DER POSTILLON
Ehrliche Nachrichten –
unabhängig, schnell, seit 1845

Engagiert, investigativ und stets am Puls der Zeit berichtet die satirische Tageszeitung *Der Postillon* von aktuellen Geschehnissen aus aller Welt. Wenn irgendwo ein politischer Umsturz bevorsteht, sind ihre Reporter als Erste vor Ort (»Vatikanische Demokratiebewegung formiert sich gegen Diktator Benedikt XVI.«). Auch deckte sie einen handfesten Bierskandal auf (»›Jever Fun‹ enthält keinen Alkohol«) und präsentiert laufend Neues aus der Wissenschaft (»Studie: Indianer kennen doch Schmerz«).

208 Seiten
Preis: 12,99 € (D), 13,40 € (A)
ISBN 978-3-86882-258-8

Oliver Geisselhart
Helmut Lange

SCHIEB DAS SCHAF

Mit Wortbildern hundert und mehr Englischvokabeln pro Stunde lernen

1000 Vokabeln einfach, sicher, schnell, dauerhaft und mit Spaß einspeichern – das ist möglich mit der Keywordmethode von Helmut Lange und Oliver Geisselhart. Die Methode ist so einfach wie genial: Jede Englischvokabel ist gehirngerecht als Bild bzw. kleines Filmchen mit ihrer Übersetzung verknüpft. Durch einfaches Lesen und Sich-Vorstellen dieser meist sehr lustigen Szenen vor dem geistigen Auge werden die Vokabeln gelernt.